Francisco de Assis
O Alter Christus

Helaine Coutinho Sabbadini

Francisco de Assis

O ALTER CHRISTUS

Ilustrações
Ilustrações

Takis Alexiou

Lachâtre

© 2014 by Helaine Coutinho Sabbadini

INSTITUTO LACHÂTRE
CAIXA POSTAL 164 – CEP 12.914-970 – BRAGANÇA PAULISTA – SP
TELEFONE: (11) 4063-5354
PÁGINA NA INTERNET: www.lachatre.org.br
EMAIL: editora@lachatre.org.br

2ª EDIÇÃO – SETEMBRO DE 2014
4.000 EXEMPLARES

PROGRAMAÇÃO VISUAL DA CAPA
CÉSAR FRANÇA DE OLIVEIRA

IMAGEM DA CAPA
FRANCISCO DE ASSIS PREGA AOS PÁSSAROS – GIOTTO (1266-1337)

SUPERVISÃO EDITORIAL
WOYNE FIGNER SACCHETIN

REVISÃO TÉCNICA
JORGE DAMAS MARTINS

A reprodução parcial ou total desta obra, por qualquer meio,
somente será permitida com a autorização por escrito da Editora
(Lei no 9.610 de 19.02.1998)

CIP-Brasil. Catalogação na fonte

Francisco de Assis, o alter Christus / Helaine Coutinho Sabaddini,
1ª edição, Bragança Paulista, SP: Lachâtre, 2014.

240 p.

1. Francisco de Assis. 2. Espiritismo. I.Título. II. Subtítulo. III.Apêndice.
IV. Bibliografia

CDD 133.9   CDU 133.7

Impresso no Brasil
Presita en Brazilo

Dedico este modesto trabalho àquela que, sem palavras, demonstrou-me através de toda sua existência o lídimo significado da humildade, da bondade e da renúncia: minha mãe.

Despi Francisco e vereis o Cristo: vesti o Cristo e vereis Francisco.

Padre Antônio Vieira[1]

---

[1] *Sermões*. Vol. III, "Sermão das Chagas de São Francisco", p. 307, Lello & Irmão Editores, Porto.

O Santo de Assis

No suave mistério dos espaços,
Santa Maria dos Anjos inda existe,
Com a mesma luz divina dos seus traços,
Glorificando as dores da alma triste,
Repartindo a virtude, a graça e os dons
Que a palavra divina do Cordeiro
Prometeu aos pacíficos e aos bons
Do mundo inteiro...
Uma nova Porciúncula, dourada
Pelos astros de mística alvorada,
Aí se rejubila,
Sob a paz de Jesus, terna e tranquila,
Derramando no Além ignorado
Os sonhos de virtude e perfeição,
Daquela mesma Úmbria do passado,
Cheia de encantamento e de oração.
A luz dos sóis da etérea natureza,
Numa doce e ideal eucaristia,
O Esposo da Pobreza
No seu manto de amor e de alegria
Inda abre os braços para os pecadores...
Irmão Sol, irmãos Anjos, irmãs Flores,
Não nos cansemos de glorificar
A caridade imensa do Senhor,
Sua sabedoria e seu amor,
Procurando salvar
Os nossos irmãos homens mergulhados
Entre as noites sombrias dos pecados!...

E à voz suave e dúlcida do Santo,
A Terra escura e triste se povoa
De anjos de amor, que enxugam todo o pranto
E que levam consigo
Todo o consolo amigo
Da esperança no Céu, singela e boa...
Das paragens etéreas
Da sua ideal igreja,
São Francisco de Assis abraça e beija
O homem que sofre todas as misérias,
Amparando-lhe a alma combalida
Nos desertos de lágrimas da Vida...
E o conduz
Ao regaço divino de Jesus!...
Santo de Assis, divino Poverello,
Nas amarguras do meu pesadelo
De vaidade do mundo, que devasta
Todo o bem, vi tua luz singela e casta
Beijando as minhas lepras asquerosas...
Uma chuva de lírios e de rosas
Lavou-me o coração de pecador
E guardei para sempre o teu amor.
Santo de Assis, irmão da caridade,
Que me curaste as lepras e a cegueira,
Depois da morte, à luz da imensidade,
Quero ainda abençoar-te a vida inteira...

Augusto de Lima [2]

---

[2] Xavier, Francisco C. *Parnaso de além-t*úmulo. FEB.

Sumário

Francisco, o *Alter Ego* de Jesus Cristo, 13
Impagável gratidão, 17
1 – O retorno do amado, 23
2 – Os primeiros cânticos de Assis, 29
3 – Clamor divino, 37
4 – De Perúgia a Spoleto, 43
5 – A dama Pobreza, 53
6 – Casa em ruínas, 65
7 – Reconciliar pai e mãe, 77
8 – Santa Maria da Porciúncula, 83
9 – Surge a ordem, 95
10 – Conquistas em Cristo, 103
11 – A perfeita alegria, 109
12 – Por que tu?, 117
13 – A conversão de Clara, 125
14 – Orar ou pregar?, 137
15 – Noite escura do espírito, 143
16 – Longa ausência, 153
17 – Frei Antônio de Pádua, 159
18 – Deus é, Deus basta!, 171
19 – O *Alter Christus*, 177
20 – Alverne, o monte eterno, 187

12 | Helaine Coutinho Sabbadini

21 – Adeus, Assis, 193
22 – Retorno à morada eterna, 199
23 – Oração de são Francisco, 209

Apêndice, 213
1 – Mal pensar, 215
2 – O anjo, 216
3 – O lobo de Gubbio, 220
4 – Os estudantes de Bolonha, 222
5 – Diferente pregação, 225
6 – Segredos das consciências, 226
7 – A virtude da humildade, 227
8 – A visita de Luís IX de França, 229
9 – A visão de João Evangelista, 230
Outros franciscanos, 232
Referências, 237
Pequena biografia: professor Takis Alexiou, 239

Francisco, o *Alter Ego* do Cristo

> Nascer, viver e morrer – a fim de viver sem nascer nem morrer. É esta a filosofia paradoxal da natureza. Daqui a pouco, adeus – belezas, perfumes e doçuras... Sementes vivas em substituição às flores mortas. A vida imortal desfilará sobre as pétalas mortas.
>
> Huberto Rohden[3]

Espontaneamente nos apresentamos para traçar algumas linhas a respeito deste empenho literário-espiritual que acompanhamos diligentemente, em espírito, sobre o poeta místico de Assis.

Deleitar-se-ía o ego se, em vida física, o tivéramos realizado por nosso próprio entusiasmo, entretanto, ardia-nos a alma em questionamentos: "poderá nossa pena ineficiente esboçar o metafísico perfil e as ações de uma alma intraduzível, sem maculá-la?" Preferimos, acovardados, calar as grandezas do herói.

Como espectadores incógnitos sentimos o pulsar entusiástico do coração imaterial e proclamamos: encanta-nos o Eu verificar esse anelo em tempo concretizado por outro ânimo. Felicitamo-nos, de igual forma, antigos sabedores de que tudo pertence a Deus – o ego restringe e aprisiona, enquanto o Eu, espírito, exulta e liberta!

---
[3] *De alma para alma.* P. 107.

Magnífica odisseia reconstruir os passos de Francisco de Assis, em verdade e vida; verdade dinamicamente histórica e vida transcendentalmente crística! Que paradoxal jornada; caminhar na rusticidade da terra e, ao mesmo tempo, nas blandícies do céu! Admiramos novamente, em plena liberdade espiritual, a vida desse sopro de Deus no empenho de alforriá-lo dos cárceres analíticos e historiográficos para abstraí-lo pela profusão do sentimento puro em cada caracter grafado nestas laudas.

Vigoroso catalisador de divino magnetismo atraindo poderosamente tudo ao seu redor! Esse foi Francisco! Este é Francisco; o inacabável Poverello[4] e o mais fiel metafísico intérprete de Jesus Cristo!

Os sentimentos em presteza descomunal buscaram e registraram – para os eternos filhos do Pobrezinho de Assis – as ações daquele que podemos chamar "luz humanizada", através da qual e por sua natureza a Divindade se revelou. O leitor ego-pensante buscará delas o alinhamento das sentenças e as concordâncias histórico-biográficas; mas o coração cristianizado empenhar-se-á em capturar a prolação imanente e revitalizadora do Cristo Cósmico, em Francisco.

A experiência mística de Francisco de Assis foi um autotransbordamento do Evangelho de Jesus Cristo, e a sua vida física centrou-se em dois pontos iguais e paradoxais: o arrebatamento espiritual, vivendo em Deus – verteu-O na terra; os martírios físicos, vivendo nas coercitivas tiranias da terra – verteu-os em Deus!

Francisco, o Alter Ego do Cristo, foi o Tau em sua própria íntima personificação; o presente e o inexaurível; o multifacetário e o imutável; o vencido e o vencedor; o que tudo depõe e o que tudo almeja! O inefável!

Deus Criador de vida plena; o Espírito seu homeomorfo, desse modo, o Poverello teve como fecundo solo para a sementeira divina, milhares de almas cujas multigerminações se expandem até os dias atuais. Poderoso e superefluente o Amor buscando o amado reverberou de Assis e do Monte Subásio atingindo as impressões sensíveis da Espécie Humana ávida desse mesmo Amor.

---

[4] Poverello (pobrezinho). Francisco de Assis também ficou conhecido como 'Poverello de Assis' por seu despojamento aos bens materiais.

Cravada no Monte Calvário – a Cruz do Cristo estendeu-se ao infinito como seta incandescente de Deus, em magnificência divina; o *patibulum*[5] rasgou todas as latitudes da terra, rompendo fronteiras, crenças, doutrinas, raças, oceanos e continentes, para sempre ergastuladando-se nas almas piedosas!

Cravada no Monte Alverne – a Seráfica Cruz, Francisco, projetou-se verticalmente em fulgurante espiritualidade, como estrela de grandeza que transcorreu os espaços; dos braços abertos e das mãos em chagas vivas, flechas de fogo atravessaram horizontalmente a largueza do Orbe terreno, ferindo eternamente de vida verdadeira os espectros, caminhantes das ilusões.

Jesus e Francisco; Cristo e o *Alter Christus*; uma existência crucificada na outra, por amor, por desmesurado e incandescente amor!

Huberto Rohden [6]

---

[5] *'Patibulum'* é uma expressão originada do Latim, para designar uma forma de crucificação. Devido aos vários tipos de crucificação *'patibulum'* designa a crucificação por viga. Em outras traduções, *'patibulum'* também é conhecido como a barra da cruz usada para a crucificação. No texto, no entanto, se refere ao próprio Crucificado, o Cristo.

[6] Huberto Rohden foi um dos espíritos que esteve presente enquanto compúnhamos esse trabalho, e dele recebemos surpreendentes e oportunos alvitres, bem como o privilégio da página de abertura do presente livro. Rohden nos foi apresentado por Nathanael, nosso Benfeitor Espiritual e, muito embora, o presente livro não seja mediúnico, não há como um médium viver e realizar – em tudo o que faça – sem a presença e a influência notória dos espíritos. A eles penhoramos toda a nossa gratidão. Helaine Coutinho Sabbadini

Impagável gratidão

> Nada deveis temer, porque aquele que está unido a Deus obtém três grandes privilégios: a onipotência sem força, a embriaguez sem vinho e a vida sem morte.[7]
>
> Francisco de Assis

Existem empreitadas para as quais somente nos encontramos relativamente prontos depois de percorridas algumas estradas pedregosas, somente após ferirmos os pés nas buscas silenciosas por realizações para o espírito, unicamente depois de subjugados por amarguras oriundas das próprias imperfeições e expectativas malogradas nos horizontes da existência terrena.

Como estabelecer favorável sintonia superior se o diapasão mental não alcança as abençoadas esferas da musicalidade espiritual? O Pobrezinho do Cristo legou páginas vivas à posteridade no opúsculo de sua própria existência; aquele que não se aproxima do Crucificado nada conhece a respeito do Ressuscitado. Eis a inapagável verdade propagada!

Como criar proximidade com o Cristo sem a experiência de refletir a Sua cruz? Como criar intimidade com Jesus sem refletir as Suas mais puras demonstrações de abnegação, renúncia, perdão sem peias,

---
[7] Kazantzakis, Nikos. *São Francisco de Assis*. P. 312.

18 | Helaine Coutinho Sabbadini

expressos no látego, nos cravos e espinhos oriundos de nossos testemunhos e pelejas, e das incompreensões humanas?

Não foi por outra razão que afirmou o excelente pregador Antônio Vieira no seu sermão Chagas de São Francisco:

> Ó assombro a grandeza de Francisco! – naquela glória em que Cristo não admitiu a companhia dos homens, nem a dos anjos, nem a do mesmo Deus, nessa mesma glória deu tanta parte a Francisco, que lhe deu suas próprias chagas, que é a principal glória de sua Paixão.[8]

Como conhecer a essência imanente do Cristo vivo, ressuscitado, atuante, sem a completa depuração na matéria pelo Amor ardente? "Os raios que despedidos do corpo do Sol não acendem, mas passados através de uma vidraça ferem fogo. Perpassou o Cristo Crucificado naquele espelho: Francisco."[9]

Assim sendo, tornou-se indispensável que cascas grosseiras caíssem para que, de alguma forma, ao longo de todo o nosso magnífico e íntimo convívio com Francisco, criássemos condições favoráveis para a tarefa a que nos propúnhamos; transmutar em palavras os sentimentos e exercícios mais sagrados da alma.

Podemos timidamente afirmar: quem não conhece as chagas de Francisco, quem delas não se aproxima, nada conhecerá de sua magnitude espiritual.

O corpo: o *burriquito*[10] – somatizando tantas dores e macerações, provações e abstinências, apenas esparzia palidamente a grandeza de Francisco metafísico; refletor do fulcro de espiritualidade em colossais surtos de amor entre as misérias e os pueris apegos humanos, transcendeu o que há muito não se via na terra, desde Jesus Cristo.

Descendo os olhos para a adstrita realidade terrena refletimos que a vida, quem sabe a Espiritualidade benfeitora, trouxe-nos para o ermo e o silêncio, onde residimos, a fim de que melhor abstraíssemos

---

[8] Vieira, Antonio. *Sermões*. "Sermão das Chagas de São Francisco", Vol. XI, § IV, Erechim, Edelbra, 1998.

[9] Vieira, Antonio. *Opus cit*. P. 312, Lello & Irmão Editores.

[10] Kazantzakis, Nikos. *Opus cit*. P. 334. 'Burrinho', como Francisco e os frades chamavam o corpo físico.

o espírito, do homem. Distanciou-nos do burburinho das cidades para que, de alguma forma, melhor enxergássemos e sentíssemos o Poverello amado de Jesus.

A Misericórdia de Deus, malgrado as misérias que nos são próprias, concedeu-nos um acanhado Subásio; um altiplano bordado de bela extensão de verde, de flores, de variedade de pássaros, na mais estuante natureza. Até mesmo, presenteou-nos com a companhia de uma abundância de pássaros, inclusive, os pombos tão comuns por toda Assis já ao tempo de Francisco. As aves com seus arrulhares constantes, como que buscando conversa no parapeito de nossa janela, não nos abandonaram enquanto compúnhamos estas páginas...

Proporcionou-nos a Espiritualidade benfeitora a companhia dos simples de coração nesse atual e peculiar momento de vida no solo reencarnatório.

Entretanto, há um ano, quando chegamos ao nosso atual domicílio; uma quinta num altiplano a 800 metros de altitude – engastada entre as matas densas e o céu aberto, jamais poderíamos supor que o maior presente estava por vir; sensibilizávamo-nos, sem disto ter plena consciência, aproximando-nos da esfera espiritual de Francisco de Assis para melhor enxergá-lo, ainda que muito distantes do núcleo abrasador de pura Espiritualidade, cuja proximidade nos cegaria.

Aprendemos em nossas pesquisas que as informações históricas e biográficas sobre a vida de Francisco de Assis têm sido superabundantes através dos séculos, contudo, o presente empenho nada mais expressa do que nossa ânsia de nos impregnarmos da essência franciscana, puramente espiritual, colhendo pérolas nas mil formas literalmente já expressas, sublimemente compreendidas e absorvidas.

Gestar Francisco é o que nos compete, para que um dia a sua vivência nasça em nós, como a do Cristo nele nasceu – sendo Francisco o mais fidedigno espelho a refletir Jesus Ação e o Cristo Ascensão. Sentir a vida daquele que é desvelado pela espiritualidade como o zênite na evolução humana,[11] o mais alto estágio do progresso que um espírito pode colimar sobre a terra, é um desafio a ser perseguido incansavelmente.

---

[11] Calderaro, in: Xavier, Francisco C. *No Mundo Maior.* Cap. 9 (p. 156) e 11 (p. 192), 24ª edição, FEB.

20 | HELAINE COUTINHO SABBADINI

Entregamos aos leitores nada mais do que o nosso acanhado olhar sobre Francisco de Assis; nem menor, nem maior, apenas dessemelhante na apresentação dos milhares já proporcionados aos eternos discípulos do *Poverello di Dio*,[12] entretanto, um olhar de intenso sentimento de gratidão, pleno de reverência e abrasado de transcendente amor no Cristo. Fomos até onde conseguimos chegar, até onde alcançou nossa restrita capacidade de observar e sentir Francisco.

Enfatizamos que, se tomássemos somente os escritos fidedignos dos companheiros da primeira hora: – os vários tomos de frei Tommaso di Celano; os escritos dos Três Companheiros, os frades Rufino, Leão e Ângelo; os de frei Boaventura e do *Anônimo Perugino*; o próprio testamento de Francisco de Assis e *Os Fioretti de* São Francisco – seria cabível, pelos ricos e abundantes documentos e informações, preencher incontáveis volumes... Mas não é esse o espírito deste trabalho despretensioso; não a quantidade!

Resgatamos as palavras do apóstolo João Evangelista quando se referiu à vida pública de Jesus, a respeito da complexa empreitada de se escrever sobre uma vida fertilíssima de espiritualidade:

> E, ainda muitas outras coisas há que Jesus fez; as quais, fossem escritas uma por uma, creio que nem ainda no mundo inteiro caberiam os livros que se escrevessem.[13]

Nesta hora em que as sociedades terrenas maravilhadas resgatam, em virtudes e luzes, a aura do Pobrezinho pela seleção do papa Francisco para a chamada cadeira de são Pedro, que, embora de formação jesuítica, promulga uma vida religiosa toda franciscana – rica de humildade e pobre de ortodoxias, exulta-nos a maravilhosa e feliz coincidência!

Assim, temos na vida do Pobrezinho a cabal personificação das eternas ânsias de simplicidade e humanidade, de paz e amor, de bondade e candura, tendo ele hasteado sobre os áridos períodos da Idade Média o perpétuo lábaro da fraternidade dos frades menores, com a divisa: "Pobreza (renúncia), castidade (fidelidade), obediência (Evangelho)".

---

[12] Pobrezinho de Deus.
[13] João 21,25.

> Francisco de Assis personifica melhor do que ninguém as eternas aspirações de simplicidade e bondade que a maioria dos períodos históricos não faz senão frustrar. Aspirações ingênuas, impossíveis, pouco importam. Quando a vida se apresenta particularmente difícil e desumana, como nos nossos dias, a figura do santo de Assis ressurge de um passado já distante como uma alternativa que, quem sabe, não é tão ingênua assim, nem tão impossível.[14]

Praza a Deus que aqueles que conosco compartilharem estas linhas possam transpor os umbrais da letra e capturar as evocações do puro amor e da mais fiel devoção a Jesus Cristo, dimanadas da existência do *Alter Christus*, o Outro Cristo; Francisco de Assis, aqui modestamente impressos.

Oferecemos este singelíssimo esforço, em penhor de impagável gratidão a Francisco de Assis.

Helaine Coutinho Sabbadini
Pirapanema (MG), 03 em outubro de 2013.
(Há exatos 787 anos da morte de Francisco de Assis.)

---

[14] Lima, Alencar Bastos Guimarães. *São Francisco*. Apresentação: Paulo Mendonça, redator e editor-chefe, p. 13.

1 – O Retorno do Amado

> Ide; eis que vos mando como cordeiros ao meio de lobos.
>
> Jesus[15]

> – É possível, Senhor, que ides a ser pregado em uma cruz entre dois ladrões, e a isto chamais glória? – Sim – responde Cristo – é minha glória essa cruz e esses tormentos, porque os padeço por aqueles que amo. – Quem muito padece pelo que muito ama, a sua cruz é a sua glória.
>
> Antônio Vieira[16]

Estende-se a Úmbria no cerne da península itálica, tão no cerne, que as águas do oceano vivem em interminável anseio de desnudar suas belezas e beijar, com seus marouços, as terras prósperas, mas em vão – jamais conseguirão, embora *Lo Stivale*[17] esteja inserido totalmente através das águas do Mediterrâneo...

A velha Úmbria é um misto de encantamentos, poemas e espiritualidade, cantada em muitos versos e descrita por incontáveis talentos literários:

---
[15] Lucas 10,3.
[16] *Opus cit.*, §III, Edelbra.
[17] A Bota, como é chamada a península, por conta de seu formato.

> Quem de Perúgia, nas manhãs de maio, vê a planície de Spoleto, as faldas revestidas de pelúcia verde nova e o dorso selvoso do monte Malbe, pensa: a Úmbria é verde!
>
> Mas quem olhando de Gúbio, de Nocera, de Norcia, de Gualdo e de Narni descobre cordilheiras rochosas, picos áridos e lombadas nuas, cor de ágata ao meio-dia, cor de ametista ou de berilo ao por do sol, cor de ferro ao sopro do tufão; quem lhe vê as colinas ásperas e desertas, encimadas por uma capelinha e um cipreste; quem lhe vê as correntes serpejantes e os seixos do terreno a alvejar ao sol como crânios, pensa: Úmbria terra de paixão e de tormento!
>
> Mas quem, depois de Montefalco e de Todi, contempla-lhe a solenidade dos montes que se desbobram em círculo e compreende a intraduzível palavra paz que eles estão a dizer às mais torturadas almas; quem de Assis, da cidade de Pieve e da própria Perúgia descobre seus horizontes de montanhas, porém vasto e cerúleo como o mar; quem nas margens desérticas do Trasimeno, que no seu silêncio oculta tumultos de guerras; ou quem diante das águas cristalinas do Clitunno, que em sua transparência esconde tempestade de consciência, reencontrando o desejo de orar, pensa: Úmbria Espiritual![18]

Assim, num transporte precioso da alma, buscamos idealizar o momento em que o vulto translúcido do discípulo amado do Cristo, João, visita a esfera terrena com vistas à outra experiência missionária, ainda desamarrado do escafandro carnal.

Vislumbramo-lo na tela da memória intuitiva, acompanhando o inolvidável Mestre Jesus, que o conduz à preciosa investida, percorrendo com ele da culminância espiritual até o prodigioso vale do Tescio, na velha Úmbria do século XII, amorosa e detidamente.

Vemo-los carinhosamente no painel das invocações criativas aproximarem-se da vila de Assis, também chamada de "a pérola da Úmbria",[19] com o altiplano verdejante coroado pela estupenda fortifica-

---

[18] Sticco, Maria. *São Francisco de Assis*. Cap.: "Entre o Mundo e Deus", p. 38.
[19] *Idem*. Cap.: "Assis", p. 40.

ção da Rocca Maggiore, de onde os olhos percucientes de Conrado de Lützen, atendendo determinação do imperador Frederico II, o Barbarroxa, controlavam e oprimiam os assisenses.

O etéreo visitante, na cariciosa incursão, percebia que aquele seria um dos primeiros cenários de seus experimentos da meninice no novo perfil físico, que não tardaria a projetar-se nos horizontes terrenos.

A inspiradora cidadela já parecia imantada de aura mística, a beleza natural que a bordava era estonteante. *Assisi* – um punhado de casas salpicadas no flanco ocidental do monte Subásio; poucas ruas, quase planas e paralelas, suas edificações erguidas de pedras vermelhas e amarelas, emolduradas por um céu desmedidamente azul. Assis era toda uma evocação de espiritualidade... Nas janelas floresciam alguns gerânios, ciprestes despontavam aqui e acolá sobre os muros das casas e oliveiras ou figueiras eram vistas entre as casas.

Os vultos luminescentes aproximaram-se das ruelas estreitas da cidadezinha, pavimentadas por rústicos pedregulhos, assemelhando-se algumas vezes a verdadeiros labirintos medievais, porém em tudo esplendia vida e alacridade; pessoas indo e vindo, crianças brincando, mercadores tomando os logradouros na busca de seus afazeres.

Os domicílios, construídos de pedras, erguiam-se justapostos, cada um deles esboçando graciosamente as três portas encimadas por um arco; uma porta acessando o interior da residência, a segunda um estábulo ou uma loja e a terceira, geralmente emparedada, abria-se para dar passagem aos mortos que se levavam da casa.[20]

Imaginamos os grandiosos sentimentos que assomaram a nobre alma, aqui avocada, ladeando o inesquecível Pastor, quando percorreu o porvindouro berço de experimentos terrenos, convidado a resgatar os ditames do *Evangelho* nos corações conturbados e aguerridos; ora engolfados nas sangrentas guerras religiosas; ora descaracterizando a divina mensagem e dela buscando se apropriarem para os ganhos de poder e vaidade.

Semelhante a um conduto divino, caudaloso e muito fecundo, o reencarnante levaria a água da vida para as abrasadas ruas do mundo.

Ideamos os olhos miríficos do Cristo pousados sobre a face de seu amado discípulo e com dulçurosa voz convidando:

---

[20] Hauser, Walter. *Francisco de Assis – nos passos do Poverello*, "Vielas de Assis", p. 18.

– Vai, meu filho, eis que te mando como cordeiro em meio aos lobos vorazes. Vai, em meu nome, e lança ânimo no afã de recuperar o meu *Evangelho.*

Num arroubo compungido capturamos as exortações do Cristo, em entonação suave, a conclamar:

– Eu não recebo glória dos homens; mas bem os conheço, e sei que não há neles próprios o amor de Deus. Eu vim à Terra em nome de meu Pai, e eles não me aceitaram; outros que vêm em seu próprio nome, a esses eles aceitam.[21]

"Vai, pois, meu filho amado, e nada tomes como teu e nada propagues em teu nome, mas em nome d´Aquele que te enviou. Em tudo ajas como se não fosses tu que obrasses, mas Aquele que te enviou, através de ti.

"A mãe generosa te aguarda em suas entranhas, pois sempre abrigará, por determinação superior e sem condições, os jornadeiros da eternidade! Essa mãe inigualável mais uma vez te aninhará para outros misteres redentores. Receber-te-á no seu seio fecundo, conceder-te-á tudo sem nada exigir!

"A Terra, como abrigo dos peregrinos do Espírito, tem sido pelo transcurso dos milênios palco dos investimentos em prol do progresso das almas. A mãe Terra tudo oferece, meu filho, sem nada reclamar, assim tem sido pelos milênios... Que tu a ames e a reverencies sempre!... Ah! quisera soubessem desta verdade os homens que maculam as suas entranhas generosas e prodigalizam as suas benesses!

"João[22], meu filho amado, confia e parte! Nos campos de lutas jamais andarás só. Estarei contigo e enviarei outros a sedimentarem – em fraternal união de vibrações superiores – os teus empenhos por mim e pelo meu Evangelho."

Continuando a capturar da tela de superiores alentos, compreendemos que Jesus se referia a Chiara d'Offreducci, ou Clara de Assis,

---

[21] João 5,41-43.

[22] Maia, João Nunes / espírito Miramez. *Francisco de Assis*, Cap.27, pag 428 – Referência sobre Francisco de Assis como a mesma individualidade espiritual que tomou a forma corpórea do profeta Daniel e de João Evangelista.

"Foi, porém, entre os hebreus, povo escolhido para acolher em seu seio o messias, que esses gloriosos missionários mais frequentemente se manifestaram (...) tal como (...) Isaac, que seria Daniel e posteriormente João Evangelista". (Sant'Anna, Hernani T./espírito Áureo. *Universo e vida.* FEB, 1ª Edição, Cap. II, p. 33.)

a Bernardo de Quintavalle, a Rufino, sublime espírito, a frei Antônio de Lisboa, a dom Guido II, bispo de Assis, a Inocêncio III; ao casal de Poggibonsi, Luchesio e a esposa Buona Donna, dama que ficaria assim conhecida por seus atos de extrema bondade; a Jeanne de Picardia e a Jaquelina de Settesoli, ou frei Jacoba; a João Vellita – que deu a Francisco as grutas do Greccio, onde pela primeira vez ele montou o Presépio; o conde Orlando Catânio, senhor di Chiusi Nuovo, que presentou o Pobrezinho com o inesquecível monte Alverne – o monte dos estigmas; aos frades menores da primeira hora, especialmente frei Leão, dentre os mais de cinco mil frades que, em breve tempo, reunir-se-iam sob a bandeira da irmã Pobreza.

Prosseguimos a ouvir as exortações de Jesus ao futuro filho de Assis, no painel magnífico das puras figurações intuitivas:

– "Portanto, eis que te digo: não te preocupes por tua vida, pelo que tu comerás, nem por teu corpo, nem pelo que tu vestirás. A vida não é mais do que o alimento e o corpo não é mais que as vestes?"[23]

Com os olhos marejados, João sorvia cada palavra do querido Ressuscitado, antevendo os grandes ardores na existência que o aguardava. O Discípulo Amado serenamente transmutou seu olhar para o valioso vale de Spoleto, espiritualmente transportando-se para a experiência prestes a iniciar-se.

O Cristo oferecia, então, a João experiências semelhantes às suas próprias, quando entre os homens na Terra, por grande amor a ele e à humanidade, pois receber Francisco fora como se recebêssemos o Cristo novamente!

A humanidade futura iria imortalizar a sublime oferenda; as chagas de Francisco, em incontáveis registros através de livros, crônicas, discursos, quais os de Antônio Vieira, quando afirmou:

> Se o Cristo queria dar chagas a Francisco, por que lhe não deu quatro somente, ou por que lhe não deu seis, senão cinco, nem mais nem menos? Porque não só lhe quis dar a imitação, senão a perfeita igualdade. Oh! que grande favor![24]

---

[23] Mateus 6,25.
[24] Vieira, Antonio. *Opus cit.* § VI, Edelbra.

> Assim um abeto jamais nascerá nas selvas tropicais e nem um baobá nas alturas nevadas. Se um alto expoente espiritual surge na cadeia das gerações, podemos estar certos de que não brotou de improviso como os cogumelos nas montanhas. E essas almas magistrais sabem que Deus não pode entrar em castelos levantados pelas moedas da terra, pelo poder e pela glória.[25]

Nasceria para a vida física entre o final do ano 1181 e o início de 1182[26] d.C. aquele que legaria à posteridade um dos mais esplêndidos testemunhos de amor e vivência no Cristo, chancelando de luzes divinas o negro período, na Idade Média, de derrocadas humanas e espirituais.

Consolidou-se o retorno daquele que seria conhecido como o *Alter Christus*, o outro Cristo, à velha Úmbria, e pelos seus mais fiéis exemplos de vivência evangélica encheria novamente o mundo de claridades e perfumes, qual inesperada primavera.

---

[25] Larrañaga, Ignácio. *El Hermano de Assis*. Cefepal, Chile, Cap. I, "Amanhece a Liberdade", p. 9, § 4º.

[26] Preferimos seguir as anotações primitivas de Tommaso di Celano quanto à data do nascimento de Giovanni di Bernardone, depois Francesco di Bernardone, em lugar de outros escritores e biógrafos que anotaram o seu nascimento em 05 de Julho ou 26 de Setembro de 1182. Consideramos mais relevante a própria existência do Poverello di Dio, da qual possuímos valiosíssimas, quão leais, referências.

2 – Os Primeiros Cânticos de Assis

> Não ajunteis para vós tesouros na terra, onde a ferrugem e as traças corroem, onde os ladrões furtam e roubam. Ajuntai para vós tesouros no céu, onde não os consomem nem as traças nem a ferrugem, e os ladrões não furtam nem roubam.
>
> Jesus (Mateus 6,19-20)

> O exemplo de são Francisco de Assis estampa a vida de Cristo.
>
> Antônio Vieira[27]

Reverbera ainda o sublime cântico do Poverello de Assis, das clarinadas do século XII, propagadas do magnífico flanco ocidental do monte Subásio, região da Úmbria, para a Eternidade.

Das terras abençoadas do vale do Spoleto nasceu para a humanidade o homem – posto que, desde há muito, dos enigmáticos segredos dos séculos, já havia nascido em espírito para Cristo Jesus.

---

[27] *Opus cit*. § II, Edelbra. A referida obra, que também foi editada por Lello & Irmão Editores (Porto, Portugal), traz a citação na p. 295, § 1º: (Francisco, a segunda estampa do Cristo Crucificado). Utilizamos ambas. Afirma Antonio Vieira que tal citação de origem toscana foi "dita com propriedade e elegância que não cabe (tradução) em nossa língua".

30 | Helaine Coutinho Sabbadini

Forjava-se nas estruturas terrenas, uma Renascença em botão em plena era medieval, a inspiração divina expressa num perfil humanizado; a mais perfeita retratação do Cristo através de um ser existente nos umbrais planetários, impregnado de tal transcendência que nem Bonaventura Berlinghieri[28] com seu inigualável talento artístico pôde retratar tamanha grandeza, senão através de cópias medíocres.

O que herdamos de Francisco, por Misericórdia de Deus, à expressão do escritor Stanislas Fumet:[29]

> [...] não foram apenas imagens, embora ele as tenha inspirado e muitas; dos afrescos primitivos à evocação já psicológica de Cimabue,[30] do homenzinho de Giunta Pisano[31] às dramáticas narrativas do pintor Giotto,[32] dos mistérios apaixonados de Pietro Lorenzetti[33] às ilustrações modernas...

O verdadeiro retrato de Francisco de Assis, o Pobrezinho Amado do Cristo, no entanto, está esculpido em vida – de forma atemporal – no éter do orbe terreno para os que souberem senti-lo no dinamismo espiritual de cada dia, não unicamente lendo ou refletindo Francisco, mas vivendo-o em profusa intimidade.

Aquele que desejar fruir os encantos de sua mensagem há de arrancar as grossas raízes entranhadas no lodo terreno, rebentar-se das próprias impenitências transmutando-se no Crucificado, pois vislumbrar Francisco, ler, entender e aproximar-se dele em sua dinâmi-

---

[28] Pintor italiano do período gótico. Pintou vários painéis e murais em Lucca, em 1235 e 1244, bem como um São Francisco de Assis, em 1235, para a igreja de Pescia.

[29] Stanislas Fumet nasceu em Lescar (Pirineus Antigos), entre França e Espanha, em 10 de maio de 1896, tendo morrido a 1° de Setembro de 1983 em Rozés (Gers). Ensaísta, literato, poeta, editor, crítico de arte. Figura marcante do catolicismo social.

[30] Cenni di Petro (Giovanni) Cimabue (1249 – 1302) foi um pintor florentino e criador de mosaicos. Ele também é popular por ter descoberto Giotto.

[31] Giunta Pisano ou Giunta Capitini foi um pintor italiano, o mais antigo cujo nome aparece inscrito em uma obra de arte. Trabalhou de 1202 a 1236.

[32] Giotto di Bondone, mais conhecido simplesmente por Giotto, (Colle Vespginano, 1266 — Florença, 1337) foi um pintor e arquiteto italiano.

[33] *Pietro Lorenzetti* (Siena, entre 1280 e 1285 — Siena, 1348) foi um pintor italiano da escola sienesa.

ca cósmica, em verdade e profundidade, é um ato que somente o ser espiritual, o coração espiritualizado, é capaz de conseguir. Encontrar a Jesus, assim como a Francisco, é uma façanha somente possível pelas vias das concepções do espírito redimido.

Dois em um único amor; Cristo e Francisco, por isso; as chagas que uma vez se abriram e gravaram contornos de Divindade no monte Calvário, haviam de se abrir e esculpir outra vez contornos de espiritualidade no monte Alverne. Haviam de se arrebentar as mesmas chagas, as de Cristo em Francisco, e haviam de gravar para sempre os mesmos contornos de transcendentalidade, "uma vez abertas e esculpidas no Cristo, outra vez abertas e esculpidas em Francisco".[34]

Ao mergulharmos nas crônicas sobre a vida do Poverello, sejam elas friamente biográficas, humanamente religiosas ou belamente espirituais, percebemos que o maior desafio que um espírito reencarnante enfrenta é a imersão na densidade do planeta terreno, ainda pesado e em turbulência, mormente nos idos do ano 1182 d.C. com o ápice – irrequieto e sangrento – das investidas dos cruzados, incorporando as milícias militares cristãs, fascinada religião em contraposição à sublime espiritualidade.

As grandes almas que retornam ao casulo do corpo, quais pássaros subitamente engaiolados, muitas vezes sentem-se atônitas, envolvidas pelas energias turbulentas inerentes ao orbe, até que, açuladas por eventos circunstanciais, mas nunca ocasionais, resgatam a consciência de si mesmas assumindo o controle dos próprios recursos imperecíveis – antes em torpor – dormitando nos arcanos do inconsciente.

Paulo de Tarso, Maria de Magdala, Teresa d'Ávila, Teresa de Calcutá, Santo Agostinho e Francisco de Assis certamente são exemplos de grandes vultos espirituais que experimentaram as agruras do cativeiro na carne até o extraordinário despertamento, até a sublime ascese.

Narra-nos frei Ignácio de Larrañaga que os nascimentos das grandes almas são cercados na esfera física de algo que ele denomina "contorno vital". Tal contorno, que resume: eventos familiares, culturais, sociais, políticos ou religiosos de uma época, contribui levando determinado indivíduo às peculiares experiências, convergindo-o para os objetivos a serem cumpridos na missão nos pisos terrenos.

---

[34] Vieira, Antônio. *Opus cit.* § VII, Edelbra.

Sem sombra de dúvida, Francisco de Assis, na condição de espírito liberto e de superior estatura participou, da programação de sua própria reencarnação; conjeturamos que ele até tenha solicitado os fatores dolorosos e adversos que o compungiriam ao despertar para o superior mandato.

Quantas magníficas informações colhemos nos compêndios doutrinários do espiritismo e nas obras psicografadas por Francisco Cândido Xavier, destacando-se as do espírito André Luiz, que patenteia a delicadeza desse processo de retorno à vida física. Tão mais elevados os compromissos sociais que um espírito abarca, maior é a preparação no sentido amplo da sua missão, inclusive evidenciando o desvelo dos espíritos construtores na organização das propriedades hereditárias, trabalhando mapas cromossômicos que irão compor futuros corpos em reencarnações programadas.

Se a espiritualidade benfeitora nos fala da "geografia dos genes nas estrias cromossômicas em seus sutis mapeamentos a projetarem-se, pela ação dos construtores espirituais,"[35] na formação da estrutura biológica a favor das experiências na reencarnação, que diremos, pois, no aspecto mais amplo: país, condições sociais, família?! Que tamanho zelo por parte dos organizadores e construtores espirituais! No entanto, existe a parte que cabe a cada um, nesse magnífico processo, e o livre-arbítrio passa a direcionar o rumo dos acontecimentos.

Propulsiona o contorno vital, através do programa reencarnatórios,[36] o que foi estabelecido em minúcias no mais Alto para os espíritos com avultadas tarefas espirituais; uma eficaz recuperação dos valores que a individualidade realmente carrega, em sua essência imortal, dos arcanos do inconsciente. Assevera frei Larrañaga:

> Nossa alma se recria à imagem e semelhança dos
> ideais que gravitam em nosso redor, e nossas raízes se

---

[35] Xavier, Francisco C. (André Luiz). *Missionários da luz.* Cap. XIII, "Reencarnação", p. 202.

[36] "Grande percentagem das reencarnações na Crosta se processa em moldes padronizados para todos, no campo das manifestações puramente evolutivas. Mas outra percentagem não obedece ao mesmo programa." Xavier, Francisco Cândido (espírito André Luiz). *Opus cit.* Cap. XII, "Preparação de Experiências", p. 156.

> alimentam, como que por osmose e sem que o perce-
> bamos, da atmosfera de ideias que nos envolve... é o
> que se chama contorno vital. Quando entrou no mundo
> pela janela da juventude o filho de Bernardone deparou-
> se com um quadro de luzes e sombras. As chamas da
> guerra e os estandartes da paz, os desejos de reforma e
> a sede de dinheiro, tudo estava obscuro na mais contra-
> ditória fusão.[37]

Desta sorte, apreciando a existência de Francisco de Assis, estrela de grandeza ímpar, tomamos para nós, astros pequeninos e sem luz própria, a pergunta: "até quando permaneceremos absorvidos nos 'contornos vitais' das lutas terrenas sem deles transcendermos em progresso moral? Continuaremos recriando dores, paixões, angústias, remorsos e apegos?"

O amor puro não nasce de germinações primitivas, nem em solos que não foram arduamente arroteados!

> Toda transformação começa por um despertar. Cai a
> ilusão e fica a desilusão, desvanece-se o engano e sobra
> o desengano. Sim, todo despertar é um desengano, des-
> de as verdades fundamentais do príncipe Sakkiamuni, o
> Buda, até as convicções do *Eclesiastes*. Mas o desengano
> pode ser a primeira pedra para um mundo novo.[38]

Uma citação do Velho Testamento se repete entre os biógrafos, desde os escritos de frei Tommaso di Celano, como a mais fidedigna expressão do amor e diligência da espiritualidade superior para com Francisco, cercando-o nas veredas para trazê-lo ao caminho programado em função de sua missão: "Portanto, eis que cercarei o teu caminho com espinhos e levantarei um muro contra ti..."[39]

> *Monsior* Pedro di Bernardone era um sagaz merca-
> dor que ia buscar em França fardos de pano em rama

---

[37] Larrañaga, Ignácio. *Opus cit.* Cap. I, p. 9.
[38] *Idem.* P. 13.
[39] Oséas 2,6.

> para cardar, tosar e cortar, coisas que constituíam então gloriosa indústria italiana. Certa vez traria não só bom dinheiro em pano francês, mas também esposa nobre de nascimento, tão delicada e calma quanto o marido era espertalhão e violento.[40]
>
> Enamorado da meiga dama, mas também de seu idioma, o gênio da Provença determinou a educação do primogênito de Bernardone.[41]

Assim sendo, as condições existenciais que recebeu o filho de Pietro di Bernardone foram estas: guerras de classes, as lutas entre o pontificado e os príncipes, embates de poder, ora por parte da igreja, ora por parte dos príncipes; em grande parte herança bélica de Frederico I, Barbarroxa. À época, seu filho, o imperador **romano**-germânico Henrique VI da Saxônia ostentava o domínio e permanecia em constantes contraposições ao papa, e vice-versa. Paradoxalmente Henrique VI passaria como o vento deixando uma criança que trazia o nome do avô, Frederico, e à qual fora dada o próprio papa como tutor. Desse modo, percebem-se severos conflitos de interesses entre o império e o papado.

Em Assis estuava grande contradição, aos conceitos dos assisenses afervorados à igreja: – o templo pagão de Minerva, guardando a ossatura da Roma Antiga, e o templo cristão de são Rufino, guardando os valores religiosos da nova Roma.

> No centro de Assis, nas vizinhanças da praça do Povo, onde o antigo templo de Minerva eleva ainda o pronaus coríntio, surgia pelos fins do século XII a casa de um mercador de tecidos. Era uma bela e cômoda casa de três pisos, com argolas de ferro para amarrar os cavalos, anéis para os archotes, quatro grandes portas ogivais – para a loja e a oficina, e uma grande porta estreita de entrada, bem mais alta que o plano da rua e à qual se tinha acesso

---

[40] Sticco, Maria. *Opus cit*. Cap. II, "Entre o Mundo e Deus", item "O Lar", p. 42.

[41] Fülöp-Miller, René. *Os santos que abalaram o mundo – são Francisco de Assis – o santo do amor*. P. 173.

por meio de escada móvel como as pontes levadiças, precaução necessária naqueles anos de lutas civis.[42]

Deste modo, a praça de Assis foi o palco dos folguedos de infância de Francisco, onde o pai se instalara mesmo antes de conhecer a delicada esposa estrangeira e constituir família. Aprendera do pai os ardis do comércio e da mãe as orações fiéis, o francês, as canções dos trovadores, novelas do rei Arthur e seus cavaleiros.

> Dos clérigos, professores da Escola de São Jorge, aprendia o latim e a tabuada, mas frequentemente fugia do latim, da loja, das doces palavras maternas para correr para a praça a escutar o jogral que contava a história de Rolando, o valente, e de Olivério, o sábio, ou quando não para ver passar os cavaleiros da Suábia, hóspedes de Conrado de Lützen, que guardava a cidade em nome do império [...] Os cavaleiros eretos sobre as selas ostentando armaduras luzidias e a águia de prata no elmo faziam o pequeno Francisco sentir-se transportado e a afirmar: "Também eu serei cavaleiro!", com seus olhos negros mirando firme e longe como as águias.[43]

Com os pés devidamente ajustados na vereda das grandes lutas, Francisco ultrapassou a meninice, como qualquer outra criança de uma família próspera da época, criado com muitos caprichos e pródiga abastança. Contudo, foi sempre um jovem possuidor de temperamento afável e muito sensível.

Rumou celeremente para uma juventude surpreendente, que seria referta de grandiosas e novas experiências, de dramáticas transformações e bastante diferente dos dias da infância e do início da juventude, quando trabalhava na loja de seu pai. Aliás, o ambiente comercial que o jovem compartilhou com o pai traduzia-se no oposto do que buscaria no futuro.

---

[42] Sticco, Maria. *Idem ibidem.*
[43] *Idem.* P. 43.

A loja de seu pai era a mais rica e a mais elegante loja de fazendas de Assis. Quando o comerciante abria seus mostruários nos importantes dias de mercado, sobrepujava todos os outros, com seu rico sortimento de tecidos. Nobres dinheirosos e até mesmo negociantes de cidades vizinhas que procurassem um veludo especialmente fino, uma renda preciosa ou brocados raros tratavam de ir primeiro à loja de monsior Bernardone.[44]

Francisco, contudo, em futuro e na plena madureza espiritual, já sorvendo uma existência muito diferente, expressaria a tamanha mudança na oração de sua autoria:

– Senhor, se te amo unicamente porque desejo estar contigo nas esferas de luz, envia um anjo com um gládio para que me feche a porta. Se te amo, Senhor, porque as trevas me causam terror, precipita-me nelas. Mas se te amo, Senhor, por Ti unicamente, abre os braços e recebe-me.[45]

---

[44] Fülöp-Miller, René. *Opus cit.* P. 176.
[45] Kazantzakis, Nikos. *Opus cit.* P. 147.

3 – Clamor Divino

> Porque todos buscam o que é seu, e não o que é de Cristo Jesus.
>
> Paulo (Filipenses 2,21)

> O vulto heril de um homem feito poema de divino poder e humana caridade.
>
> Huberto Rohden[46]

A vida de Francisco, o Outro Cristo, é a mais autêntica transubstanciação do clamor Evangélico; o Cristo chamando "a uma humanidade transbordante, superefluente, dilatada em caridade."[47]

As almas possuem sede de viver no amor puro e assomadas da ansiedade desse mesmo amor buscam seus afins, bem como são magneticamente atraídas pelo amor de Deus para a perfeição. O determinismo da perfeição, cujo vetor está no Evangelho redivivo, mas cujas luzes estão unicamente na vivência de sua essência, possui alicerce na dinâmica crística impressa nos mais singulares eventos da existência.

Não foi por outra razão que esse magnetismo divino atraiu mãe e filho. A mãe, chamada Jeanne de Picardia, pois nascida na cidade

---
[46] Rohden, Huberto. *De alma para alma*. P. 6.
[47] Fumet, Stanislas. *Francisco de Assis – nos passos do Poverello*. Prefácio Místico, p. 10.

de Picardia, França; nobre por imposição do nascimento como descendente do conde Bourlemont, no entanto, pobre para os valores da matéria e para as regras sociais, por escolha natural...[48]

Abastada pelos bens oriundos do matrimônio com o bem sucedido negociante de tecidos Pietro di Bernardone dei Moriconi, no entanto, simples em espírito, tendo como maiores bens "aqueles que a ferrugem não consome e as traças não corroem, que os ladrões não furtam".[49]

Assim foi que a mãe de Francisco, Pica Bourlemont,[50] ofereceu-lhe na pia batismal o nome de Giovanni di Pietro di Bernardone, em homenagem ao santo de sua mais árdua devoção; João Batista. Ademais, a dama sentia enorme afeição por Isabel, mãe de João Batista, intuindo que seu filho deveria receber tal nome por determinação superior. Destarte, futuramente, dentre todas as festas religiosas, a de são João Batista tornar-se-ia para ela a mais importante.[51]

"Quem vocês pensam que vai ser meu filho? Ainda vão ver que, pelos seus merecimentos, vai ser um verdadeiro filho de Deus."[52] A mãe possuía a mística convicção de que a criança seria um arauto do Senhor, como foi João Batista! Além do mais, muitos foram os acontecimentos místicos que assinalariam aquele nascimento como invulgar, legados através dos séculos, inclusive, pela tradição oral.

Sofrendo um parto bastante difícil, a esposa de Pietro di Bernardone – tendo-o distante em viagem absorvido no próprio afã comercial, recebeu a emblemática visitação de um mendigo que a indicou uma manjedoura para dar a luz. Confiante, a senhora para lá se encaminhou e a criança veio ao mundo sem nenhum problema. Misteriosa e primeira interessante semelhança com o nascimento do filho de Maria e José da Galileia. Transcendente vinculação entre Jesus Cristo e Francisco de Assis, no nascimento e na morte. Mestre e discípulo amado, espiritual aliança na culminância de uma existência que seria toda a mais legítima demonstração dos ditames evangélicos, o mais límpido cristal a refletir Jesus Amor.

---

[48] Hauser, Walter. *Francisco de Assis – nos passos do Poverello*. P. 16.

[49] Jesus. Mateus 6,20.

[50] Bastos Guimarães Lima, Alencar. *São Francisco*. Cap. I, "O Trovador, Infância e Juventude", p. 19.

[51] Celano, Tommaso. *Segunda vida de são Francisco*. I Livro, cap. I, item 3. Também em Hauser, Walter. *Opus cit.*, p. 23.

[52] Celano, Tommaso. *Opus cit.* I Livro, itens 3 e 4.

Na igreja de são Rufino refulge a primeira aliança para a sublime empreitada: o batismo, a chancela coroada em ouro que não demoraria a desabrochar para o superior batismo de fogo, ingressando-o na divina missão.

Pietro di Bernardone, ao regressar da França e contrariando o desejo caro da esposa, fez o recém-nato chamar-se Francesco, Francisco, em lugar de Giovanni, João: "Francisco nossa criança haverá de se chamar em honra à amada França, que continuamente nos retribui vantajosos lucros e cuja língua veneramos no próprio lar", ajuizou o comerciante sem admitir contestações.

Ponderava Pedro Bernardone que a França merecia todas as homenagens pelas grandes conveniências comerciais que lhe oferecia muito mais do que o pieguismo religioso que imputava à esposa humilde. Humana utopia paterna ensombrando a sublime intuição materna.

Como já aludido, o menino sorveu uma infância bastante normal, em nada diferente das crianças de sua estatura social na cidadela medieval de Assis. Em seguida ao seu nascimento, outros irmãos vieram ao mundo, mas sobre os quais a história e a teologia não fizeram suficientes anotações. Nada obstante, ficou sempre expressa a extraordinária afinidade que uniu mãe e filho.

Desta feita, o período da meninice passou célere sem maiores anotações, embora os tempos fossem de muitos conflitos sociais, políticos e religiosos...

O povo de Assis, quando Inocêncio III sobe ao pontificado, toma-lhe a defesa nas frentes de batalhas, pois "as cidades italianas levantaram as cabeças exigindo independência, reclamando justiça e, em alguns casos, levantando os punhos da vingança".[53] Os assisenses estavam no ano 1198, desse modo, Francisco, nos ardores da mocidade e como um bom e fiel guelfo,[54] aos dezesseis anos, certamente arrolou-se nos ardores desse confronto. Novamente, aos vinte e um anos, o brioso jovem participou da guerra entre Assis e Perúgia, cuja procedência da discórdia era exatamente a mesma: os grandes embates de poder e domínio.

---

[53] Larrañaga, Ignácio. *Opus cit.* cap. I, p. 11.
[54] Na origem, tratava-se de uma disputa entre os partidários do papado (os guelfos) e os partidários do Sacro Império Romano-Germânico (os gibelinos).

Conspirava o Alto; aproximava-se o período do aguardado despertar espiritual: Francisco caiu prisioneiro no confronto entre as forças das duas cidades, na batalha de Collestrada. Na ponte de San Giovanni triunfou a armada da Perúgia e na mesma cidade o novel entusiasta da vida permaneceu preso por cerca de um ano.

Embora muitos proclamem um especial evento, que passaria à posteridade com o nome de "A Noite de Spoleto", como sendo o magistral lance para o despertamento espiritual de Francisco de Assis, faz-se imperioso reconhecer que foi no cárcere de Perúgia onde, precisamente, tudo teve início.

Doente, acometido de febres entremeadas de arroubos espirituais magníficos, moribundo e dolorosamente atingido nos refolhos da alma, principiou-se o desabrochar da crisálida de luz rompendo as grossas cascas da matéria. Ademais padecia, entre os quatro muros, tremendos apupos dos nobres vaidosos que tentavam excluí-lo de seu convívio e sugeriam, nas ações hostis, dizendo-lhe: "Vai-te! Tens a bolsa, mas nós temos o brasão; serás rico, mas nós somos quem somos."[55]

Entretanto, Francisco conquistaria a todos, até certo cavaleiro sempre carrancudo e irritadiço como um ouriço que não trocava palavra com ninguém. Num estado de grande alegria, quando melhor dos padecimentos físicos, Francisco cantava. Quando perguntado pelos companheiros de cela porque cantava como um louco naquela situação, ele respondeu com ingênua alegria: "Que sabem vocês do que me diz respeito? Por que vocês pensam que estou contente? Isso não é nada! Estou pensando em outra coisa: ainda serei venerado como santo por todo mundo!"

– Louco! – alardeou um prisioneiro.

– Não, profeta! – respondeu Francisco.[56]

De fato, depois da prisão em Perúgia, Francisco nunca mais foi o mesmo jovem. Não demoraria muito e se cumpriria aquilo que o mais respeitável biógrafo de sua vida anotaria no futuro:

> Como um dos rios do paraíso, este novo evangelista dos últimos tempos irrigou o mundo inteiro com as

---

[55] Sticco, Maria. *Opus cit.* Cap. II, "Um Ano de Prisão", p. 46.
[56] Celano, Tommaso di. *Opus cit.* Livro I, cap. I, it. 4. Sticco, Maria. *Opus cit.* P. 47.

fontes do *Evangelho* e pregou com o exemplo o caminho do Filho de Deus e a doutrina da verdade. Nele e por ele, o mundo conheceu uma alegria inesperada e uma santa novidade: a velha árvore da religião viu reflorir seus ramos nodosos e raquíticos. Um espírito novo reanimou o coração dos escolhidos e neles derramou a unção de salvação ao surgir o servo do Cristo como um astro no firmamento, irradiando uma santidade nova e prodígios inauditos. Por ele renovaram-se os antigos milagres, quando foi plantada no deserto deste mundo, com um sistema novo, mas à maneira antiga, a videira frutífera, que dá flores com o suave perfume das santas virtudes e estende por toda parte os ramos da santa religiosidade.[57]

Desde a prisão perugina, os gestos de Francisco eram tocados de profunda humanidade, de total carinho e desprendimento para com os pobres. Tornara a trajar-se com belas e ricas roupas, entretanto, o exterior expressava-se em dissonância com os anseios impalpáveis da alma.

Lentamente, como uma nova primavera, emergia outro Francisco vencendo a noite invernosa da inconsciência rumo à superconsciência.

---

[57] Celano, Tommaso di. *Opus cit.* Livro I, cap. I, it. 89.

4 – De Perúgia a Spoleto

> Mas uma coisa faço, e é que, esquecendo-me das coisas que atrás ficam e avançando para as que estão diante de mim, prossigo para o alvo...
>
> Paulo (Filipenses 3,13-14)

> Mas, se quiseres para os mortais ser um anjo redentor e não um anjo exterminador, evoca das profundezas os elementos benéficos, apela para as grandes ideias, para os ideais eternos! Suscita do sono para a vigília as energias construtoras que dormem, profundas e vastas, no seio da humanidade!....
>
> Sê um Prometeu para os homens. Uma porta-luz... Locutor da humanidade...
>
> Huberto Rodhen[58]

Não há ascensão sem atravessar árduos caminhos! Não há chegada sem os empenhos dos primeiros passos, numa decisiva partida! Depois da experiência metafísica na prisão de Perúgia, a vida comum não bastava mais para Francisco. "Valeria a pena trabalhar o dia inteiro para divertir-se à tarde? Estúpido prêmio para tanto trabalho,

---
[58] *Opus cit*. Cap. "Locutores da Humanidade", p. 134.

mas também trabalho demasiado lhano e prosaico para dar direito a um prêmio."[59]

Como ele, também nós um dia levantaremos os olhos ávidos na definitiva busca do amor infinito de Deus para – absortos n'Ele – baixarmos os olhares à terra, de forma diferente, para finalmente encontrarmos a mais perfeita conexão do Criador, a Sua mais esplêndida completude: o semelhante.

Como o jovem de Assis, um dia identificaremos um ponto azul no infinito: a nossa própria identidade refletida em Deus.

No solo – ante os nossos olhos atônitos – um minúsculo grão de areia, um arbusto, um animalzinho, uma alma em ignorância ou em sofrimento tornar-se-ão, de forma irretocável, nossos semelhantes e completantes partes na cadeia imensa do Eterno... Uma parte não existirá sem a outra!

Assoberbar-nos-emos quando sensibilizados para o acordar da alma e, prostrados sobre o grão que nos liga ao ponto azul infinito, tornar-nos-emos unos em detrimento do apelo do ego e fundir-nos-emos no gigantesco lençol de pontos azulinos do Cosmo.

Nada mais existirá! Nada relativo ao ego sobreviverá ao momento do grande espanto, do assalto de Deus à alma humana, tudo tornar-se-á abismal!... Não mais nos perturbarão as fixações relativas à persona; as ortodoxias, as fronteiras dos pensamentos, as preeminências do intelecto, a supremacia das classes... Contrariamente, patentear-se-á a íntima condição humana-espiritual que todo ser traz de polarizador cósmico das potentes energias espirituais... Seremos lançados, pelo determinismo evolutivo, da prostração viciante, do sono dos séculos, ao torvelinho de caminhos de luz; sós e atônitos!

Deus, malgrado a inconsciência humana, permanece a nos atrair, mais e mais, impulsionando-nos a tomar um desses caminhos. Agarrar as tranças energéticas das monções evolutivas, eis a mandatária proposta!

Um ponto solitário, estático, não existe, até que venha a comoção das grandes marés de progresso que, em conjunto com a exemplificação das almas que colocaram seus pés nos caminhos de luz, após Jesus, propulsionarão a muitos. O momento é este – o Cristo e Fran-

---

[59] Sticco, Maria. *Opus cit.* Cap. "A Glória", p. 47.

cisco de Assis, *o Alter Christus*, ao mesmo tempo, luz e farol, convidam-nos a segui-los!

Desse modo fazendo, de pé fitaremos o Alto, nesse momento em que as estradas de nós mesmos se bifurcarem chamando-nos a definir novo passo, novo ponto de partida...

Derrogar-se-á o mito de Euclides,[60] na íntima realidade conturbada de que um ponto não tem partes. A realidade é que os pontos nos levam às coordenadas, como elemento de um espaço projetivo, construtivo, para o amanhã, para frente ou, quem sabe, para trás na queda vibracional dos elementos criativos, mentais. A escolha será de cada um! A escolha é de cada um!

Um ponto de culminância do espírito é – ao mesmo tempo – associação inquebrantável à potente cadeia evolutiva. A humanidade está agora sobre um ponto decisivo, cabendo a cada um arregimentar coragem para a grande jornada do espírito.

Entretanto, nos tantos pontos expressos nas múltiplas experiências e em infinitas estradas a moldarem os particulares universos, cada qual possui o seu ponto vórtex e, através dele, constrói a sua peculiar reta-cadeia ou, sobre um ponto mental, inerte, inconsciente, estaciona-se indefinidamente.

Meditar Francisco, mas, sobretudo, sentir Francisco; o primeiro lança-nos a preciosas cogitações íntimas, o segundo projeta-nos para a frente, para o Alto, pois a elevada energia dimanada de tal sintonia ativa nosso amodorrado ânimo, rasgando os horizontes restritos de uma religiosidade acanhada, para uma espiritualidade superdinâmica.

Uma nova partida, no realianhamento cósmico em si mesmo, não se dá sobre um ponto qualquer, define-se a partir da eclosão de um manancial de sentimentos elevados gerando decisões, irrompendo barreiras seculares, contudo, ordinariamente propulsionados por saltos oriundos das dores, dos remorsos, das angústias e da solidão. Esses não são pontos comuns são vórtex culminadores, propulsores, transformadores.

Na inércia falaciosa que nos fascina muitas vezes, prostramo-nos num centro, por longos períodos, a girarem em torno de nós

---

[60] Mito de Euclides refere-se a uma crise que foi a manifestação de uma discrepância de longa data entre o ideal tradicional da matemática e a realidade da matemática. Euclides de Alexandria (300 a.C.), matemático platônico e escritor, conhecido pela geometria euclidiana.

pontos de luz apontando tantos rumos; setas para o infinito aguardando uma única conexão, uma coordenada que os faça ter sentido. Os eventos dolorosos de Spoleto possuíram essa profunda significação para o despertar da estupenda alma renascida no seio da ancestral Úmbria.

Assim como Francisco de Assis, possuímos, em grau muito menor, os próprios "pontos de mutação", no aspecto dimensional maior e menor, à feição da milenar escola mística chinesa do I Ching – na escala fascinante das espirais evolutivas; em nível macro, infinito; e interior, não menos infinito.

O que seria o existir sem os pontos de mutação mental, verdadeiros vórtices de partidas, de reconexão com o fio ascensional rumo ao Alfa, ao supremo equilíbrio, ao Imutável e Imponderável?! O que seria o existir sem a avalanche de acontecimentos que nos faz interromper os passos loucos sobre os minúsculos grãos de areia e fitar o ponto azul no infinito na angustiante busca de recomeçar?!

A existência não se desvela por um cenário permanente no qual os fatos se desdobram mecânicos, a se repetirem invariantes. Não! A existência, na conspiração cósmica, é dinâmica, é abalo e revolução, é guerra universal e, ao mesmo tempo, guerra de um soldado solitário, fazendo-o cair e levantar-se, recriando novos pontos de partida, posicionando-o cada vez mais alto, forte, determinado!

Desse modo, desde o confronto de Collestrada, na ponte de San Giovanni, quando o jovem soldado caíra prisioneiro, agitaram-se energias que o fariam lançar-se para a uma esteira de superior dinamismo espiritual. Retornaria ao lar em corpo, mas sem dúvida estaria com os pés decisivamente em planos de caminhadas superiores.

Indubitavelmente a experiência auferida por Francisco nesses momentos de duras escolhas abrindo-lhe os olhos para a realidade essencial da existência, o levaria a anotar para a posteridade:

"Quereis saber se vos quereis salvar? Vede se fazeis pela salvação o que costumais fazer pelo que muito quereis. E se esta é a verdadeira regra do querer, poucos somos os que verdadeiramente queremos salvar-nos. Queremos e não queremos. Em nenhum entendimento cabe esta contradição, e cabe nas nossas vontades..."[61]

---

[61] Vieira, Antonio. *Opus cit.* § II – Edelbra.

De volta a Assis, foi acometido por grave moléstia que o prendeu por muito tempo dentro do quarto, sobre o leito. Fora como se das entranhas da alma o magma divino, ardente e já incontrolável buscasse por todos os meios ebulir através do corpo frágil! Abeirou-se da morte, para reerguer-se e voltar a caminhar apoiado num bastão; contudo, o tormento interior não o abandonava.

Aos vinte quatro anos de vida, Francisco estava novamente à frente de um inesperado convite – a Guerra da Apúlia: juntar-se ao capitão normando Guálter de Brienne para defender os direitos da igreja na Apúlia contra Marcovaldo, numa batalha maior em dimensão e oferecendo mais lauréis aos combatentes. Contudo, o convite encontrou o jovem de ânimo bastante diferente dos poucos anos passados, não obstante, ainda oscilando entre os dois reinos: o da terra e o do céu.

Tão grande era a regalia de guerrear pelos ideais da igreja que o jovem assisense recebeu da família a mais magnífica roupagem de guerra; um escudo brasonado, rica malha, capa bordada, gibão, espada e elmo. Como negar tão prestigiosa prerrogativa social e tão grande honra religiosa?! Desse modo, belamente paramentado apronta-se para juntar-se ao batalhão de jovens e cidadãos de Assis rumo ao comandante Brienne.

Um pouco antes de partir, encontrou um mendigo – na realidade Maria Sticco apresenta-lhe como um nobre de Assis que havia empobrecido por conta da última guerra, que muito desejava combater na Apúlia. Francisco retira os seus ricos paramentos e o dá ao homem[62] – e assim, despindo-se de suas ricas roupas, cobre-o com imensa compaixão.

Narram-nos com precisão os seus notórios biógrafos: frei Boaventura,[63] bem como freis Leão, Rufino e Ângelo,[64] que, no dia imediato a este generoso e caritativo feito, Francisco é agraciado com um êxtase mediúnico durante o sono, conhecido por precognição, no qual Jesus lhe revela, através de simbolismos, que lhe fora dado um esplêndido palácio cheio de toda sorte de armas e riquezas, lá uma bela noiva o aguardava. Dessa forma, acreditou que era da vontade do Senhor que ele fosse para a guerra, submetendo-se ao comando de Brienne.

[62] Sticco, Maria. *Opus cit.* Cap. II, item "A Glória", p. 48.
[63] Boaventura. *A legenda maior.* Cap. I, it. 2 e 3.
[64] Leão, Rufino, Ângelo. *A legenda dos três companheiros.* Cap II, it. 5.

48 | Helaine Coutinho Sabbadini

Deduzimos que, já envolto numa atmosfera espiritual diferente de profundos estertores metafísicos rumo à pujança do espírito, fez-se merecedor de um determinado sonho, um êxtase, pouco antes de sua partida para Apúlia. Entretanto, o sonho só seria devidamente compreendido bem mais tarde.

Pouco antes de partir, num dos delicadíssimos momentos de íntima comunhão com o Alto – aliás, o que havia se tornado habitual – assomou-lhe a mesma lucidez, percebendo que deveria manter a consideração com os amigos queridos de outros tempos, incapazes de compreenderem o que ele vivenciava espiritualmente. "E se a glória se achasse onde menos ele pensava?"[65]

Depois de experimentar uma tarde inteira, completamente engolfado em Deus nas alturas solitárias do monte Subásio, na mais completa ansiedade pelo Amado a quem buscava diariamente, desceu o monte imbuído de cear com os amigos mais uma vez, em derradeira homenagem aos dias distraídos de sua juventude. Procurou cada um deles e aprazou o encontro.

Como em outros tempos, estavam todos juntos e Francisco patrocinou-lhes faustoso banquete com as mais caras iguarias. Todos brincavam, riam, festejavam, e Francisco – já como um irmão zeloso – admirava-lhes os folguedos cujo ápice, na alta madrugada, como sempre, foram as cantorias pelas ruas de Assis...

Em silêncio meditativo, o filho de Bernardone seguia atrás do grupo, quando subitamente foi notado em sua incomum circunspecção, o que o fez alvo de brincadeiras e perguntas:

– Cesco, conta-nos, o que há?! Estás por acaso enamorado de alguma bela dama? Pensas em casar?

– Ó sim, meus amigos! – assim respondendo atraiu todas as atenções. – Estou pensando em não ir para Apúlia, pois tenho coisas estupendas para realizar em minha própria terra. Sim! Em vez disso, desejo me casar! Minha noiva é nobre e bela, a mais bela dentre todas as damas que julgais belas. Afirmo, sua sabedoria excede a de qualquer outra apresentada como a mais sábia.[66]

---

[65] Sticco, Maria. *Opus cit.* Cap. "O Amor", p. 50.
[66] Celano, Tommaso. *Opus cit.* Cap III, it. 7.

Os amigos riram prazerosamente inebriados pelo vinho e pela alegria de estarem juntos, contudo, não suspeitavam que Francisco se referisse a uma especial dama com a qual definitivamente já noivara: a Pobreza.

Aquele seria o último encontro do jovem, nos velhos moldes, com o grupo de companheiros de folgança, mesmo porque muitos deles iriam aderir à fraternidade em tempos futuros. Os seus novos amigos gradualmente seriam os pobres, os pequeninos, os doentes, os leprosos, os esquecidos da sociedade. Apesar disso, a prodigalidade que lhe era comum nos festejos com os amigos transformar-se-ia na mais pura misericórdia; Francisco despojar-se-ia de tudo pelos novos amigos pobrezinhos e pelo Cristo, até de sua saúde. Tal atitude marcaria de indelével beleza e espiritualidade a vida do Poverello de Assis e de tal monta sedimentaria a sua missão que a maioria de seus biógrafos resgatou a sua célebre frase: "Se sempre tratei muito bem os meus amigos, porque não fazer o mesmo agora que possuo outros?"

Francisco, relutante, aos vinte e quatro anos aceita obediente a convocação para participar do confronto no sul da Itália, mas seu coração já percorria diferentes caminhos. O jovem é enviado para a guerra, que tomaria forma de uma legítima cruzada sob a mão firme do capitão normando Guálter de Brienne, atendendo ao apelo papal.

Entretanto, o surto, a convulsão espiritual já havia se principiado e, naquela estrada onde os pés físicos marchavam em uma direção, as expectativas espirituais, contraditoriamente, caminhavam em rumo oposto.

Associado à armada que rumava para Apúlia, seguiu obediente, mas descontente. Sua mente abrasava de mil ideias, e o seu coração de mil aspirações que corriam em direção inteiramente oposta à da guerra.

A armada decide pernoitar na cidade de Spoleto, e esse episódio propiciaria o toque divino ao coração ávido; mão invisível ergueria o espírito que já se encontrava fisicamente rendido aos apelos de Deus.

Francisco, despojado de seus paramentos de guerra, preparou-se para o repouso e adormeceu entre os arneses. Novamente "sonhou com Jesus", sonhou com o único comandante que desejava escoltar e servir rumo a uma guerra bem mais grave do que a da Apúlia – as pelejas do espírito. Ouviu suavemente uma familiar e dulçurosa voz a lhe indagar:

– Francisco, filho amado, aonde vais?

– Vou para Apúlia guerrear pelos sagrados bens da religião! – apressou-se em responder.

– Mas ouve, meu filho, quem melhor te pode recompensar, quem melhor te pode honrar: o servo ou o senhor? – insistiu a voz amiga.

– O senhor, é claro! – redarguiu resoluto.

– Então porque segues o servo e não o senhor?

– O que devo então fazer? – perguntou o jovem no maravilhoso transe.

– Retorna para Assis, meu filho, e tudo te será esclarecido.

Francisco, depois de convocado, não hesitou um só instante! Não repensou, não avaliou, não julgou. Era o chamado do Cristo, fazia-se imperioso atender!

Na estrada de Perúgia até Spoleto, entre elas estendendo-se o inebriante vale da Úmbria, percorria Francisco em seu cavalo aos galopes, mas paralelamente viajava através de outra imponderável estrada. Grande significação na distância e nos eventos que marcaram esse caminhar, de Spoleto até Assis, bem como o anterior, de Perúgia até Assis. Emergiam e forjavam-se novamente os bens sagrados do espírito, Francisco reencontrava-se, redescobria-se em sua íntima e elevada natureza através daquelas duas e decisivas estradas.

O soldado do Cristo, montado no seu animal em corrida vertiginosa, retornou a Assis! Não mais importavam as resoluções e apelos da vida terrena, dilatavam-se ao infinito as estradas que ele tanto conhecia e galopava deliberado, nos caminhos das grandes realizações espirituais.

Desde o acontecimento de Perúgia até o de Spoleto, fechava-se uma cadeia singular. Jamais essas estradas seriam trilhadas da mesma maneira. Outra vida para outro Francisco, nas mesmas e paradoxalmente novas estradas.

Cantara ao longe Francisco,
jogral de Deus deslumbrado.
Quem se mirara em seus olhos,
seguira atrás de seu passo!
(Um filho de mercadores
pode ser mais que um fidalgo,
se Deus o espera
com seu comovido abraço...)
Ah! que celeste destino,
ser pobre e andar a seu lado!
Só de perfeita alegria
levar repleto o regaço!
Beijar leprosos,
sem se sentir enojado!
Converter homens e bichos!
Falar com os anjos do espaço!...
(Ah! Quem fora a sombra, ao menos,
desse jogral deslumbrado!)[67]

---

[67] Cecília Meireles. *Pequeno Oratório de Santa Clara*. Philobiblion, Rio de Janeiro, 1955.

5 – A Dama Pobreza

> Bem aventurados os pobres pelo espírito, porque deles é o Reino dos Céus.
>
> Jesus (Mateus 5,3)

> A fonte da paz consiste em deixar as coisas serem. Respeitar as coisas pequenas. As grandes são respeitadas por si mesmas.
>
> Larrañaga, Ignácio[68]

Depois do extraordinário evento do ano 1205, no pernoite em Spoleto, Francisco retornou a Assis sentindo intimamente a culminância do que havia principiado na prisão de Perúgia. Decisivamente ele não era mais o mesmo, fato notado por todos que o conheciam. Apreciava especialmente dar esmolas aos mendigos e os procurava por toda parte, chegando mesmo fazer a sua primeira excursão a Roma pela Via Flaminia. Levou uma bolsa guarnecida de moedas de ouro e, quando chegou ao sepulcro do apóstolo Pedro, percebendo as honrarias humanas através de pequeninas moedas, foi acometido de bizarro sentimento:

---
[68] *Opus cit.* P. 37.

> O príncipe dos apóstolos deve ser magnificamente honrado; porque fazem estes tão pequenas oferendas?[69]
>
> Retirando impetuosamente um punhado de moedas, lançou-as pela grade do altar sobre o túmulo do apóstolo Pedro. As moedas ricochetearam sobre a pedra, voltando a ele, com tinidos de ouro. Os peregrinos se voltaram de olhos esbugalhados para o generoso desconhecido. Mas Francisco logo se arrependeu daquele gesto gritante e, como para punir-se e porque não lhe restasse nenhuma moeda, escondeu-se entre os mendigos que ocupavam o átrio da igreja de São Pedro e disse ao mais miserável: 'Troquemos as roupas.' (...) Desfez-se de suas roupas de pano finíssimo e vestiu o manto e o capuz rasgados, remendados e sujos do mendigo.[70]

Em Roma, no ano 1206, Francisco, assentado a um canto da cidade, compreendeu a paradoxal estrutura, influência e poder da igreja em contraposição aos imarcescíveis bens do Evangelho de Jesus. De Roma só levou a experiência da pobreza, diz Maria Sticco, mas nenhuma fraternidade; começou a compreender o caráter particular de sua devoção e objetivos. Percebeu qual deveria ser o seu caminho.

Retornando a Assis, Francisco sempre procurava os recantos aprazíveis do monte Subásio para orar, para meditar, aguardando a promessa recebida no êxtase em Spoleto. Desejava somente a companhia de Deus, ansiava por Deus, sentia sede de Deus, somente se comprazia em Deus.

"A voz de Deus (da Espiritualidade Superior) fala suavemente ao coração, ao contrário das paixões que uivam."[71] Assim prosseguia o jovem tangido suavemente, qual instrumento afinado, pelo Excelso Músico, Jesus.

Durante o dia, trabalhava na loja de seu pai, mas ao entardecer cruzava a porta Moiano,[72] numa das saídas da cidade, e galgava as escarpadas do monte, absorto nos pensamentos mais sagrados... Levantava os olhos serenamente e fitava o esplêndido horizonte distante e,

---

[69] Sticco, Maria. *Opus cit.* Cap. "O Primeiro Encontro com a Pobreza", p. 52.

[70] *Idem.* P. 53.

[71] *Idem.* Cap. "O Leproso", p. 54.

[72] Referente às muralhas de Assis. Porta Moiano era um dos portões da cidade de Assis.

lá, Spoleto e Perúgia, de sagradas lembranças, dormiam serenamente embaladas pelas brumas infinitas. Em outros momentos, com os pés nas trilhas, contornava as pedras acariciando-as ternamente, enquanto sorvia a longos haustos os perfumes dos pinheiros, das giestas em flor, dos freixos verdes e dos olivais...

Subia o alcantilado do monte, no entanto, ao mesmo tempo e com todo empenho, ascendia na busca de alcançar Deus pela elevação e recolhimento do espírito.

O povo de Assis e os amigos comentavam: – "Francisco está muito mudado, não é mais aquele jovem que conhecíamos! Francisco adoeceu, perdeu a graça de viver! A prisão de Perúgia danificou-lhe a mente! Pobre Francisco!"

Entretanto, ninguém podia imaginar o que se desenvolvia em sua alma e como ela esfervilhava. Ninguém possuía sensibilidade devidamente dilatada para perceber a crisálida de luz rompendo as crostas da matéria. Somente o coração materno conseguia divisar tão espetacular acontecimento, unicamente dona Pica sabia, pois conhecia desde o nascimento aquele para quem já divisara grandes prodígios nos horizontes do espírito.

Diariamente o jovem se recolhia depois de suas funções e relembrava as palavras doces e firmes que lhe falaram ao coração quando no caminho da Apúlia e, mais ainda, rememorava que no seu retorno ao lar vindo de Spoleto, sôfrego por Deus, havia cruzado com um leproso cuja imagem e sofrimentos há anos lhe causavam certa repulsa... Naquela ocasião, outra vez, a voz amiga do Cristo, como um relâmpago de claridades magistrais dentro da noite escura, rompera o silêncio de suas limitações orientando:

> – Francisco, meu filho, se desejas conhecer a minha vontade, comeces por desprezar tudo o que até hoje amaste e a amar tudo o que até hoje desprezaste. Assim, tudo o que antes te parecia amargo tornar-se-á doce como o mel e o que te parecia doce tornar-se-á insípido e sem nenhum sabor.[73]

---

[73] Legenda dos Três Companheiros, A. *Opus cit.*, cap. IV, it. 11.

Naquele momento, o jovem compreendeu que o início da mudança estava em amar e cuidar de seus irmãos leprosos e, certa feita

> [...] indo a cavalo perto de Assis veio-lhe ao encontro um leproso. Embora tivesse muito horror dos leprosos, fazendo-se violência, apeou e ofereceu-lhe uma moeda, beijando-lhe a mão [...] poucos dias depois, levando consigo muito dinheiro, dirigiu-se ao leprosário e, reunindo todos os leprosos, deu a cada um uma esmola, beijando-lhes a mão.[74]

Francisco nos dias finais de sua existência recordar-se-ia que o êxtase no qual o Cristo lhe falou, aconselhando-o a trocar o foco de seu amor, representaria a própria presença do Mestre segurando-o pela mão e levando-o justamente para o meio daqueles pelos quais possuía tanta repugnância. Nos momentos últimos de sua vida, despedindo-se dos enfermos queridos, recordaria vivamente e com a mais sagrada emoção: aquilo que na juventude lhe causava tão grande horror havia se transformado em doçura indescritível, não só à alma, mas também aos sentidos do corpo.

Essas evocações preciosas o sustentariam ao longo dos próximos vinte anos de vida, em completa dedicação aos bens do Evangelho e na sua busca por Deus.

Entretanto, com olhos nas culminâncias celestes e distanciado da realidade terrena, Francisco enfrentaria o maior embate de sua existência, tendo os bens materiais como epicentro do conflito. A grande desavença seria com o seu rígido genitor Pietro di Bernardone.

Certa feita, o jovem Francisco partiu cavalgando por Spello até Foligno, com três ricos cortes de escarlate acomodados em sua montaria. Em Foligno, na praça do mercado, diante da igreja de Santa Maria Infraportas efetuou frutuosa venda. Retornou com um saco cheio de moedas de ouro, entretanto, o espocar da borboleta divina rompendo o casulo do imediatismo material era iminente. Francisco não mais suportava – morria gradualmente para os apelos do corpo, renascendo em inteireza de espírito. Antevendo o definitivo mergulho em Deus, rompeu de vez os grilhões que o jungiam às buscas meramente ime-

---

[74] *Idem, ibidem.*

diatas, esqueceu quem era, esqueceu os seus compromissos com o pai, esqueceu a primazia do nome para atender somente às ordens de Deus.

Pouco antes da viagem a Foligno, havia encontrado uma capelinha na encosta do Subásio perigando despencar pelo flanco, tal o seu estado em ruínas. Episódio especial aconteceu no interior da ermida que o levou ao definitivo rompimento com os laços de sua antiga vida cotidiana, sem qualquer sabor de espiritualidade.

Alguns biógrafos de Francisco julgam que a viagem a Foligno em busca de recursos financeiros teria sido motivada por esse evento transcendente acontecido no interior da pequena ermida dedicada a são Damião, pois, segundo ele pensava, precisaria de algum dinheiro para começar sua tarefa de reforma.

Assim, antes mesmo de retornar ao lar vindo de Foligno, Francisco deliberou visitar mais uma vez a pobre capela de São Damião. Outra vez o arrebatamento em Cristo, novamente o divino êxtase, e ele entregou todo o fruto da venda dos tecidos ao capelão, a favor da igrejinha, rogando-lhe que o aceitasse.

Conviver com os preconceitos e as impressões da ignorância, que julga e condena, é algo bastante difícil e antiquíssimo. Também Francisco atraiu dolorosas incredulidades. Tal ajuizamento sorveu o Apóstolo da Gentilidade, Paulo de Tarso, após sua conversão, o que fê-lo permanecer nove anos fortalecendo-se em Cristo para apresentar-se ao trabalho – em magistral pujança – na ilha de Chipre. Portanto, consideramos, particularmente, esse momento o grande e primeiro fulgor da missão de Paulo; a partir de então, já não seria Barnabé o líder, e Paulo, o discípulo, contudo, Paulo, o poderoso vetor espiritual e intérprete do Cristo, junto a Barnabé e muitos outros.

Um aforisma russo justifica o ocorrido na ilha de Chipre muito bem: "Fala para que eu te veja!"[75]

Nada obstante os dois anos em que permaneceu acampado ao lado da igreja de Antioquia, da Síria, a convite de Barnabé, tenham sido fertilíssimos nos labores cristãos, evangelizando jovens que se tornariam figuras ilustres do Evangelho: Tito, Trófimo, Teófilo, o jovem médico Lucas. Contudo, na visitação ao governador romano adoentado, Sergius Paulus,

---

[75] Merejkovsky, Dimitry Sergeyevich. *Jesus desconhecido*. Cap. X: "Seu Semblante", it. IV, p. 320.

na ilha de Chipre, Saulo começa a transformar-se em Paulo; no apóstolo que gravaria suas ações – em letras de ouro nas laudas de sua própria existência – para a posteridade dos tempos. Concitado por Barnabé em Chipre à prece intercessória, expressou colossal sintonia com as esferas superiores através da vivência plena dos conteúdos evangélicos. Colimou o magnífico estágio, malgrado sofrendo repúdios inomináveis, assim como Francisco de Assis, aliás, apupos que os seguiram por toda vida.

Os lábios da difamação e os dedos acusatórios estão sempre a buscar as fragilidades alheias olvidando as suas próprias, isto é de todos os séculos. No caso do jovem filho de Bernardone, sua notória fama de folgazão iria penalizá-lo por muito tempo no julgamento alheio, bem como a notoriedade de seu pai como homem avaro, rígido e brioso dos próprios bens; isso fez com que o capelão atemorizado devolvesse imediatamente o rico óbolo.

Francisco, então, num gesto de completa dissociação com os valores terrenos, atirou o saco de moedas através da janela fazendo o velhinho temeroso recolher uma a uma, entre a gramínea e os cascalhos, afirmando que as guardaria para serem devolvidas ao seu verdadeiro dono.

Imbuído de profundo pesar pelo estado do jovem e já vislumbrando a possibilidade de uma legítima conversão aos bens espirituais, o capelão permitiu que o rapaz se acomodasse na ermida por alguns dias. Mas o pai iria buscá-lo de chicote na mão e muitos impropérios na boca.

Estava por advir um extraordinário acontecimento que marcaria a missão do mais memorável filho de Assis. Quando o pai, preocupado com o desaparecimento do filho, finalmente o encontrou na ermida, arrastou-o sob chicotadas de volta para casa, e lá, literalmente, encarcerou-o em masmorra domiciliar, ante os olhos aflitos e o coração dolorido da esposa. Na ocasião, o capelão de São Damião, aterrorizado, devolveu a bolsa de dinheiro ao comerciante enfurecido.

Bernardone passou a ver o filho como um louco, um lunático sem cura. Nem mesmo os conselhos do curador espiritual de Assis, o bispo dom Guido, surtiram efeito na acomodação do ânimo acirrado do negociante e a prisão do jovem foi inevitável.

Vencido doloroso tempo acorrentado, o filho de Bernardone encontrava-se extremamente abatido. Na ausência do marido, a bondosa esposa e mãe, Pica Bourlemont, incapaz de suportar ver o filho amado um segundo a mais naquele deplorável estado, libertou-o sem nenhum receio. Nas sagradas construções do imaginário, lobrigamos o momento e o diálogo sagrado travado entre os corações irmanados pelo amor imortal:

– Meu filho amado, sempre soube de tua missão em nome de Jesus Cristo e constantemente roguei a são João Batista a proteção para teus passos no caminho da conversão. Eis o momento, meu filho! Vai e segue os passos de Jesus nos atos de cada dia e a são João Batista na eloquência divinamente inspirada, quando propagares a mensagem do Evangelho renovador. No entanto, não desconsideres a necessidade de tudo fazer com teus próprios recursos, com tuas próprias forças e com o alento precioso da alma. O que tens para dar aos mais necessitados, meu filho, é de teu sagrado acervo da alma, não as moedas e o ouro mundanos, fruto da avidez e caprichos de teu pai.

Francisco, qual criança aninhada pela imensa afeição maternal, finalmente compreendia o principal fundamento de sua nova vida; o completo desapego. Carinhosamente beijando as mãos da mãe, a quem amava desmedidamente, respondeu:

– Sim, minha mãe, jamais irei adiante ao encontro de meu Senhor carregando o peso do ouro sobre o qual fui criado e aprendi a valorizar. Doravante despojar-me-ei de todos esses grilhões, de todos os bens ilusórios da vida, para buscar os duradouros.

Assim falando, abraçou a genitora ternamente e partiu.

Uma vez liberto das grades físicas, era necessário o último encontro com o pai para a decisiva alforria para Deus. Pietro di Bernardone, que exigira do curador espiritual, intermediário sempre presente junto a todas as questões e querelas, inclusive as familiares, que o jovem fosse deserdado renunciando em suas mãos a quaisquer bens familiares.[76] Não demorou e ambos estariam frente a frente, tendo todo o povo de Assis como testemunha e o bispo dom Guido como mediador. O bispo carinhosamente intimou o rapaz a comparecer, ao que ele atendeu prontamente. O bispo sempre tivera grande estima por Francisco, pois o conhecia desde o nascimento.

Deste modo, Francisco apresentou-se ao palácio do curador de Assis, bispo dom Guido, perto de Santa Maria Maior, respondendo-lhe ao chamado, haja vista que Pedro Bernardone exigia o deserdamento

---

[76] Celano, Tommaso di. *Opus cit.* Parte II, cap. 6, it. 14.

60 | HELAINE COUTINHO SABBADINI

daquele que dissipava abertamente os seus valiosos bens. Afinal tão grave afronta merecia um duro castigo.

Mas não houve tempo hábil para a solicitação de monsior Bernardone ser avaliada, pois o intercessor eclesiástico, a família e toda cidade terminaram testemunhando o jovem, tomado de serenidade infinita, despindo-se de suas vestes, peça por peça, colocando-as aos pés de seu pai, ante o escândalo do populacho, dos nobres e dos curiosos, despojando-se do próprio sobrenome. Viram-no completamente despido afirmar que o mundo seria a sua casa! Desse modo, expulsá-lo para onde? Deserdá-lo de que bens?

O jovem, já esboçando aura de doce espiritualidade, naquela hora solene, afirmou: "Doravante não chamarei mais a pai, Pietro di Bernardone, mas àquele que está nas alturas infinitas."

Naquele momento, o povo de Assis – os citadinos, os mendigos, a gente simples – compunha o corpo dos mais ilustres convidados para os seus esponsais com a dama Pobreza, comprometimento que marcaria perenemente de riquezas celestiais infinitas a sua vida.

Cobrir-se-ia para o futuro de veste rústica e entregar-se-ia aos serviços da caridade e da pregação em nome de Jesus Cristo.

> Levou consigo muito poucos companheiros, os que melhor conheciam sua vida santificada a Cristo, para que o protegessem da invasão e da perturbação das pessoas, e para que preservassem com amor o seu recolhimento.[77]

Francisco passaria em período futuro a assinar o próprio nome com a letra 'T', o tau, a última letra do alfabeto hebraico e a décima nona do alfabeto grego, cujo significado transcendente na Idade Média[78] – desde os tempos proféticos, quando Ezequiel anotou a ordem que lhe fora dada pelo Senhor de marcar as testas com um sinal – carreava grande valor: verdade e luz, palavra e poder, força mental direcionada para os bens espirituais. E mais: poder de curar e vivificar, o espiritual em contraposição ao material, o infinito em Deus. Desse modo, Francisco, despojado

---

[77] Celano, Tommaso di. *Opus cit.* Parte II, cap. 2.

[78] "E lhe disse: Percorre a cidade, o centro de Jerusalém, e marca com uma cruz na fronte os que gemem e suspiram devido a tantas abominações que na cidade se cometem." Ezequiel 9,4.

de sua condição puramente humana, assumiria por assinatura o tau, inclusive, por recordar a cruz do Cristo. Suas missivas, cartas, testamentos seriam sempre assinados com uma única letra: 'T'.

Fortemente comovido, o bispo, já percebendo um surto de espiritualidade no jovem que conhecia desde criança, retirou a suntuosa capa e encobriu-lhe o corpo emagrecido. Francisco, com a placidez nos olhos que já descortinavam extraordinário horizonte de espiritualidade – reza a tradição, pois carecemos de fontes históricas – retirou a capa e cobriu um pobrezinho aglomerado à multidão. Contudo, a lógica patenteia que ele jamais lançaria a capa ao solo, sendo mais provável que ele a tenha, de fato, oferecido a um popular ou mendigo ao seu lado. Não demorou e recebeu de um dos criados do bispo uma camisa e um velho tabardo; de tal modo, partiu definitivamente de sua família consanguínea. Doravante, dom Guido tornar-se-ia um seu especial amigo e protetor incondicional.

O discípulo do Cristo partiu para nunca mais retornar à mesma vida, resoluto, pacificado, esperançoso, pleno de Deus... Passaria a ser constantemente exprobrado e amaldiçoado por seu pai quando o via nas cercanias da cidade; desse modo, Francisco tomou um velho e conhecido mendigo de Assis, chamado Alberto, e adotou-o como pai, rogando:

– Alberto, meu irmão, doravante tu és meu pai; assim, todas as vezes que Pedro Bernardone me amaldiçoar, tu irás me abençoar![79] – Desse modo o mendigo fazia.

> É aqui que o nu luta contra o adversário nu e, desprezando as coisas que são do mundo, aspira unicamente à justiça de Deus. Foi assim que Francisco tratou de desprezar a própria vida, deixando de lado toda solicitude mundana, para encontrar como um pobre a paz no caminho que lhe fora aberto; só a parede da carne separava-o da visão celeste.[80]

---

[79] *Anônimo Perusino*, cap I, item 9. O autor nunca foi expressamente designado. O pequeno opúsculo foi encontrado pela primeira vez num manuscrito do convento de São Francisco do Prado, em Perúsia (Perúgia), daí o nome com que é mais geralmente conhecido: *Anônimo Perusino*. O pequeno livro é composto de doze capítulos contando uma pequena história da Ordem até a morte e canozição de Francisco de Assis.
[80] Celano, Tommaso di. *Opus cit.* Parte II, cap. VI, it. 15.

Eis o magnífico esponsal com a dama Pobreza, tendo toda a cidade por convidados, o noivo transbordava de júbilo e nada mais vislumbrava senão dias de mais pura felicidade ao lado daquela que o levaria às moradas celestes. Para o mundo, loucura, enquanto vivia a mais elevada sanidade espiritual. Outro gigante do Evangelho igualmente sorvera essa maravilhosa loucura, grafando para os seus pósteros:

> A mensagem da cruz é loucura para os se perdem, mas para nós que somos salvos é poder de Deus. Nós pregamos o Cristo Crucificado e isso é escândalo para os judeus e loucura para os gentios. E porque a loucura no Cristo é mais sábia que a sabedoria humana e a fraqueza em Cristo é mais forte do que a força do homem foi que Deus escolheu o que no mundo é loucura para envergonhar os sábios e escolheu o que é para o mundo fraqueza para envergonhar o que é forte.[81]

Como reconheceu tão bem o admirável Francisco de Assis a ilusão de todos esses bens imaginários! Diz-se que as riquezas escravizam o coração; as honras fazem-no inchar; os prazeres o fazem oco, e ele quer constituir sua riqueza na pobreza, suas delícias nos sofrimentos e sua glória na humildade...

> Ó loucura, esse é o mais insensato dos homens segundo a sabedoria do século, porém o mais sábio, o mais inteligente e o mais sensato segundo a sabedoria de Deus.[82]

Nos momentos finais de sua existência, no estertor da morte e no esgotamento das forças físicas, afirmaria plenamente feliz a um de seus mais fiéis seguidores que, ao olhar o passado, reconhecia que fora tomado de superior ânimo quando se despiu diante de toda Assis, devolvendo não só as suas vestes ao pai, mas, inclusive, o nome de família.

---

[81] I Coríntios 1,18,23,27.

[82] Bossuet, Jacques Benigne. "Discurso sobre São Francisco de Assis". In: *Titãs da religião*. Tradução de J. Coelho de Carvalho, Livraria El Ateneo do Brasil, 3ª Edição.

Quanto a Francisco, estava ébrio de felicidade em sua nudez, não tanto por este renascimento, do qual não se dava bem conta, quanto porque se sentia, afinal, pobre como o Cristo na cruz. Legalmente, diante de Deus e dos homens, das autoridades da igreja e do povo, ele se separou da família para a esposa, a pobreza do Mestre, e, despindo-se, até deixar apenas entre sua alma e Deus o véu da carne, parecia-lhe estar também nu como o Crucificado. Faltavam somente as cinco chagas; mas viriam ainda.[83]

---

[83] Sticco, Maria. *Opus cit.* Cap. "Os Esponsais com a Pobreza", pp. 62 e 63.

6 – Casa em Ruínas

> Respondeu Jesus: O meu reino não é deste mundo; se o meu reino fosse deste mundo, pelejariam os meus servos para que eu não fosse entregue aos judeus; mas agora o meu reino não é daqui.
>
> Jesus (João 18,36)

> Não nos esqueçamos da cruz. Como custa despojar-nos!
> Como é difícil tornar-se pobre. Ninguém quer ser pequenino (...) é infinitamente mais fácil montar uma maquinaria de conquista apostólica do que fazer-se pequenino e humilde.
>
> Francisco [84]

Retomamos os meses finais do ano 1206, nos entardeceres em que o *Fratello*[85] buscava o ermo do monte Subásio para orar, fazendo-o na mais sagrada circunspecção. Não mais lhe importavam os apelos da vida cotidiana referta de aspirações de ordem material, cujas paixões impulsionavam os seres unicamente à satisfação dos ardores primitivos.

O jovem rompia, diariamente, as azinhagas na encosta do Subásio, afastando-se da cidade e do burburinho para orar e estar a sós com

---
[84] Larrañaga, Ignácio. *Opus cit*. Pp. 136, 137.
[85] Irmão ou irmãozinho.

65

Deus. Fazia-o até as lágrimas, tão ávido estava da presença de Deus, tão faminto estava de Deus...

Como de costume, aspirava profundamente os deliciosos perfumes da natureza pródiga do Subásio e entre os olivais e os pomares muitas vezes prostrava-se meditativo, para em outros momentos irromper em longas e silenciosas caminhadas, nelas buscando conhecer as capelinhas instaladas pelo flanco do monte.

Num desses entardeceres, caminhando pelos atalhados do monte, absolutamente absorto em seus silenciosos diálogos com Deus, deparou-se com uma velha capela, tão antiga e em ruínas que parecia perigar pela encosta do monte. Aproximou-se, espontaneamente entrando no ambiente sombreado de paz e espiritualidade, embora muito pobre.

Atraído magneticamente para a igrejinha que jamais visitara, reparou que em seu interior somente existiam alguns assentos toscos e, no local do retábulo, estampava-se nada mais do que uma pintura do Cristo crucificado, no estilo bizantino. Após saudar amorosamente o velho capelão, que depressa manifestou manter a ermida através da caridade dos passantes, encaminhou-se para a imagem de Jesus crucificado.

Sentiu uma força divina atraindo-o cada vez mais, até que se prostrou de joelhos diante da imagem do Amado pregado na cruz. Sentindo o ardor por Deus atingir o seu ápice, arrebentou a própria alma em oração sentida:

– Senhor Deus meu, Jesus Cristo, doce Crucificado, vós que sois pura luz nos abismos densos de minha alma, venho rogar-vos a presença clarificadora para os umbrais de meu coração. Sede, Senhor Jesus, como o sol em minha vida, nascendo todas as manhãs para que eu jamais caminhe na escuridão que me é própria! Nasci em mim, Senhor, todos as manhãs, como o sol nasce no horizonte a levar-me em segurança para que eu jamais tropece nos báratros de minhas próprias misérias e insensatezes.[86]

"Rogo-vos, Jesus Cristo, três pedidos, se me podeis oferecer; dai-me a fé tão forte quanto a espada; dai-me a esperança tão larga quanto o mundo; dai-me, Senhor, o amor tão profundo quanto os oceanos... e que eu jamais caminhe fora de vossa claridade."[87]

---

[86] Larrañaga, Ignácio. *Opus cit.* P. 59.
[87] *Idem, ibidem.*

Num transporte de puro júbilo espiritual, sem mais experimentar onde se encontrava, Francisco sentiu-se planando acima do espaço físico... O Cristo crucificado parecia, subitamente, impregnando-se de vida, seus olhos adquiriram brilho transcendental, vivos, cheios de amor, plenos de misericórdia. Naquele momento, de alma arrebatada, ouviu claramente uma suave entonação repetida por três vezes:

– Francisco, meu filho, não vês que a minha casa ameaça ruir? Apressa-te a reconstruí-la... Francisco, não vês a minha casa ameaçada e em ruínas? Apressa-te, filho amado, a reerguê-la... Ouve, Francisco, minha casa ameaça ruir; apressa-te a reconstruí-la!

O jovem, num baque fenomenal nas estruturas mais sagradas do espírito, experimentou uma emoção jamais antes sentida.

Recobrou-se do magnífico transe, depois de algum tempo, com a face completamente orvalhada das lágrimas mais caras e esfogueada de um calor descomunal. Ofereceu todo o dinheiro que possuía na algibeira ao velho capelão, rogando-lhe que não deixasse faltar lume para o Cristo crucificado.

Imantado de nova aura apressou-se a colocar mãos à obra na reconstrução da velha ermida. A inauguração seria no terceiro ano de sua conversão.

Trabalhou constantemente na reconstrução da ermida de São Damião, simultaneamente, continuou visitando as capelas na orla do Subásio e atraindo os simpatizantes à sua causa de trabalho e dedicação a Cristo, na mais castiça pobreza.

Antes que avancemos delineando os primeiros companheiros que se juntariam à Ordem dos Frades Menores, desejamos destacar um frade em especial, por sua enorme vinculação espiritual com Francisco de Assis até a sua morte. Os relatos são de seu próprio punho, escritos que ele deixou para a posteridade: como conheceu Francisco e o porquê de seu nome – frei Leão.

> Pai Francisco, eu pego a minha pena hoje para escrever sobre a tua vida e tempos, indigno que eu sou: quando tu me conheceste, se lembra, eu era um mendicante, feio e com a face e o pescoço coberto de cabelo, da sobrancelha até a nuca, e no pescoço eu era somente

cabelo. Meus olhos eram assutados e inocentes. Eu gaguejava e balia como uma ovelha – e tu, para ridicularizar minha feiura e humilhação, chamaste-me irmão Leo, o leão. Mas, quando eu lhe contei a história da minha vida, tu começaste a chorar, tu me apertaste em teus braços, beijou-me e disse: "Irmão Leão, desculpe-me. Eu te chamei leão para ridicularizar-te, mas agora eu vejo que tu és um verdadeiro leão, porque somente um leão tem a força e a coragem de perseguir o que tu tens perseguido." Eu andava de monastério a monastério, de vila a vila, de deserto a deserto, ansiando por Deus... Eu não me casei, não tive filhos, por causa de minha busca por Cristo. Eu poderia segurar numa mão um pedaço de pão e na outra um punhado de azeitonas, no entanto, eu ainda estaria faminto, eu sempre me esquecia de comer, esfomeado em minha busca por Deus.[88]

A pesquisadora italiana Maria Sticco nos fala, muito embora os muitos romances, que a primeira vez que Clara D'Offreducci avistou Francisco foi quando ele estava em Assis a comprar pedras para a reforma em São Damião. Sticco assim descreve:

Um dia, por acaso, passaram pela praça duas jovens acompanhadas por uma senhora já madura. E a menor das moças disse:

– Vamos também dar uma pedra àquele pobre rapaz. – E a maior, de sob cujo toucado fugiam belíssimas tranças, nada respondeu, mas deixou uma moeda junto às pedras amontoadas pelo singular mendigo.

– Receberemos também muitas graças, senhor? – perguntou a pequena. Então Francisco, cheio de júbilo espiritual, pôs-se a gritar:

– Vinde e ajudai-me na reconstrução da igreja de São Damião, que será no futuro mosteiro de senhoras, cuja vida e cuja fama hão de dar glória à igreja e ao Pai Celeste.

---

[88] Kazantzakis, Nikos. *God's pauper, saint Francis of Assisi.* P. 9.

– Que diz ele? – sussurrou Clara.

– Não lhe deis conversa, dona Clara, pois é um louco.

Mas as mocinhas olhavam como fascinadas aquele louco, sem saber que seriam elas as pedras preciosas de São Damião.

O primeiro que seguiu Francisco foi um habitante de Assis, homem piedoso e simples, embora rico e muito conhecido; chamava-se Bernardo de Quintavalle, que a princípio por cortesia hospedou o bem aventurado Francisco, para depois fazê-lo com frequência crescente, sendo cativado pela vida simples e de completa dedicação à causa do Divino Mestre. O futuro frei Bernardo abraçaria a missão da pobreza e da fraternidade, observando e provando da vida e procedimentos do recém-convertido. Vira-o em sua casa passar prostrado em oração a noite inteira, sem dormir, louvando a Jesus Cristo e à sua gloriosa Mãe. Admirou-se infinitamente e tocado pelas vibrações do Peregrino de Cristo afirmou resoluto: "Verdadeiramente, este é um homem de Deus".[89]

Está registrado nos *Fioretti:*[90]

> Francisco ainda vestia roupas seculares, embora já houvesse renegado o mundo, e andando todo desprezível e mortificado pela penitência de modo a ser tido por muitos como estúpido e escarnecido como louco, perseguido com pedradas e lodo por seus parentes e por estranhos, e passando pacientemente, por entre injúrias e zombarias, como surdo e mudo. Monsior Bernardo de Assis, que era um dos mais nobres, ricos e sábios da cidade, começou sabiamente a considerar em Francisco o tão excessivo desprezo, a grande paciência nas injúrias

---

[89] Celano, Tommaso di. *Primeira vida de são Francisco.* Cap. 10 – "Conversão dos Seis Primeiros Frades", it. 24.

[90] *Fioretti* significa, de forma literal, 'florezinhas', contudo, foram os escritos, em italiano antigo do século XIV, a partir da tradição oral, dos fatos, curas, 'milagres', acontecidos diversos, passados entre Francisco de Assis e os seus frades. Os *Fioretti de São Francisco* refletem o modo de viver dos frades no século XII e revelam acontecimentos passados no cotidiano de Francisco, Clara de Assis e os frades menores.

> e que, havia dois anos já assim abominado e desprezado
> por todos, parecia sempre mais constante e paciente, co-
> meçou a pensar e a dizer de si para consigo; "não posso
> compreender que este Francisco não possua grande gra-
> ça diante de Deus".

Bernardo de Quintavalle era mercador como Francisco, porém de maior fortuna, um dos homens mais nobres, ricos e sábios de Assis. Quanto à categoria social, Bernardo era gentil-homem, e uma crônica diz que "por seu conselho regia-se a cidade de Assis."[91] Tendo presenciado as experiências e ações de Francisco, constantemente em sua companhia, apressou-se a vender os seus bens, doando o dinheiro aos pobres e não aos parentes.[92] Para tanto, antes, Francisco suplicou a Jesus Cristo a palavra conselheira através do Evangelho para que Bernardo jamais titubeasse na decisão a ser tomada. Assim sendo, certa feita, após as orações costumeiras, Bernardo intercedeu a Jesus Cristo – através dos dons de Francisco – para assegurar-se de sua conversão.

Francisco convidou-o ao bispado de Assis, na igreja de São Nicolau, na praça da cidade e, após uma oração comovida, abriu o Evangelho ao acaso. Contrito, deparou-se com Jesus Cristo a lhes aconselhar:

> Se queres ser perfeito, vai e vende tudo que tens, e
> distribui-o aos pobres. Terás um tesouro nos céus. Vem
> e segue-me.[93]

Sob profunda inspiração, Francisco desejou confirmar o aconselhamento do Mestre e, pela segunda vez, abriu o Evangelho. Foi-lhes dito:

> Jesus chamou os doze e começou a enviá-los dois a
> dois, dando-lhes poder sobre os espíritos impuros. Re-
> comendou-lhes que não levassem para a viagem nem
> bordão, nem alforje, nem pão, nem dinheiro e nem duas
> sandálias.[94]

---

[91] Larrañaga, Ignácio. *Opus cit.* "O Primeiro Companheiro", p. 120.
[92] Celano, Tommaso di. *Opus cit.* Cap. X, it. 24.
[93] Mateus 19,21.
[94] Marcos 6,7-8.

Francisco, intensamente tocado pela Misericórdia de Deus e compreendendo quão séria era a resolução de tudo abandonar para converter-se aos bens do espírito, como ele mesmo o fizera, sugeriu a Bernardo abrirem o Evangelho uma terceira e última vez, e assim o fizeram. Lá estava expresso:

> Se alguém quiser vir após mim, negue-se a si mesmo, tome a sua cruz e siga-me. Pois quem quiser salvar a sua vida, perdê-la-á, mas quem perder a vida por minha causa e por meu Evangelho salvá-la-á.[95]

A forma de conversão de Bernardo de Quintavalle, logo frei Bernardo, passaria a ser modelo para as outras conversões: pela manifestação da vontade do alto através do Evangelho.[96]

> Feito isso, juntou-se a Francisco na vida e no hábito. Esteve sempre com ele, até que, tendo aumentado o número dos irmãos, foi transferido para outras regiões em obediência ao piedoso pai.[97]

Depois, um clérigo chamado Pedro Cattani, cônego de São Rufino, juntou-se aos dois; em seguida a Pedro, um jovem camponês assisense de nome Egídio, alma simples e honrada, sempre reverente a Deus. Egídio procurou Francisco e, de joelhos, demonstrou o desejo de segui-lo. Frei Egídio teve uma longa e frutuosa vida, justa, piedosa e santificada em Cristo. Frequentemente retornava para a companhia de seu benfeitor. Legou à posteridade grandiosos exemplos de humildade, de recolhimento e constante trabalho caritativo aos semelhantes, inclusive braçal. Por algum tempo permaneceriam somente os quatro primeiros dando consistência aos movimentos nascentes da Ordem dos Pobrezinhos.

Mais outros dois seguiram a Egídio: certo sacerdote chamado Silvestre e um jovem conhecido por Filipe Longo. Frei Filipe foi um grande pregador, intérprete e entusiasta do Evangelho.

[95] Marcos 8,34-35.
[96] Celano, Tommaso di. *Opus cit.* Cap X, it. 24.
[97] Celano, Tommaso di. *Opus cit.* Cap. X.

> Frei Filipe Longo foi tocado nos lábios por um anjo com um carvão em brasa, como o profeta Isaías.[98]

> [Assim] era orador de grande inspiração, entendia e interpretava as Escrituras sem as ter estudado, como aqueles que os príncipes dos judeus desprezavam como ignorantes e iletrados.[99]

Quando da época da conversão de Bernardo, o sacerdote Silvestre, notando os exemplos do fundador da Ordem e o desapego do rico comerciante, que tudo havia vendido dando aos pobres, haveria de confessar a Francisco a sua própria desgraça, por ser velho e avaro, preso ao dinheiro e furiosamente à busca dele, enquanto testemunhava Bernardo de Quintavalle, que tanto o desprezava por amor às coisas espirituais.

Interessante resgatar que Silvestre vendia pedras a Francisco à ocasião da reforma da capelinha de São Damião e tendo observado a bondade do Irmão pelos arredores, tudo dispondo pelos pobres, fez uma observação bastante mordaz quando no momento do pagamento de alguns pedregulhos: "Irmão Francisco tendo em vista o dinheiro distribuído prodigamente pelos arredores essas pedras não estão nada custosas." O Pobrezinho, então, enfiou a mão na túnica e retirou todo dinheiro que possuía e o entregou ao sacerdote perguntando: "é o suficiente Irmão Silvestre ou algo mais se faz necessário?" Envergonhado o sacerdote não demoraria a se juntar à Fraternidade.

No decurso do tempo outros chegariam afervorados pelo desejo de se dedicarem integralmente a Cristo, seguindo a inspirada liderança de Francisco, mas pelos tempos primeiros compunham a Fraternidade somente os quatro Irmãozinhos da Pobreza; Francisco, Bernardo de Quintavalle, Pedro Cattani e Egídio, posteriormente se juntariam Filipe Longo, Silvestre, Morico, João da Capela, João de Santa Constança, Barbari, Bernardo de Viridante, Ângelo Tancredi e Sabatino, tendo sido João da Capela, dos primeiros, o único a afastar-se da Ordem tendo sorvido um triste fim através do suicídio.[100]

[98] *Os fioretti de São Francisco.* Cap. I.
[99] Celano, Tommaso di. *Opus cit.* Cap. X, it. 25.
[100] *Os fioretti de São Francisco.* Cap. 31.

Jesus Cristo e Francisco de Assis – duas existências em emblemática consonância espiritual; no amor e na dor, nas blandícies do céu e nas asperezas da terra!

O grande dia da reinauguração da Igrejinha de São Damião havia chegado e o júbilo espiritual estampava a alma de Francisco de cândidas expectativas. Convidou para a missa inaugural os mais queridos convivas de Jesus; os pobres, os doentes, os abandonados e os leprosos...

No banquete celestial, enquanto a cerimônia inaugural era levada a efeito, Francisco escutou uma conhecida e doce voz a falar-lhe ao coração; "Francisco, meu filho, não vês que a minha casa ameaça ruir? Apressa-te a reformá-la."

Atônito, sem nada compreender, partiu caminhando pela estrada empoeirada que ligava São Damião a Santa Maria dos Anjos, meditando no que falhara.... Cabisbaixo cruzou com um mendigo a esmolar; mecanicamente retirou uma moeda do cinto e ofereceu ao pedinte, sem sequer fitá-lo. Contudo, o mesmo arrebatamento, igual magnetismo como o experimentado na primeira visita a ermida de São Damião, o atraíram. Não resistiu e retornou à presença do sofredor verificando, profundamente comovido, que o óbolo havia caído ao chão, porque além de mendigo o pedinte era leproso não possuindo os dedos para segurar a moeda. O discípulo do Cristo se abaixou e pegou a esmola, segurou-a com as suas próprias mãos envolvendo a mão do doente e em seguida beijou-a terna e comovidamente.

Ó admirável transfiguração! Ó que excelente surpresa! Ao fitar os olhos do homem desconhecido notou surpreendente transfiguração; transmutaram-se nos mesmos olhos do Cristo Crucificado que lhe falara na Capela de São Damião, a mesma benignidade e o mesmo piedoso apelo estavam ali novamente, à sua frente.

Sem palavras, o filho do notório negociante de Assis compreendeu prontamente, no imo da alma, o que Jesus desejava dele. Aquele era o esclarecimento prometido na noite de Spoleto, não possuía qualquer dúvida. Retumbou, outra vez, aquela voz – tão possante como um trovão – de seu peito escutou: "Francisco, meu filho, não vês que o meu Evangelho perde-se nas humanas e apaixonadas ações, pretensiosamente em meu nome? Apressa-te e reconstrói a minha Mensagem arruinando-se pelas vias do mundo! Oferece os imperecíveis bens aos corações ávidos e necessitados, o lenitivo do consolo aos ignorantes e perdidos em falso rumo! Entrega os meus bens aos simples e sofredores."

Confortado pela luz divina, que clareou infinitamente o seu entendimento, dirigir-se-ia em breve tempo a Assis com seus novos companheiros, fazendo dela o primeiro abençoado mar de suas sagradas pescarias em Cristo. Com contagiante alegria e fervor, buscava sempre a direção de Jesus no Evangelho, tomando como divisa a recomendação: "Ide por todo o mundo, pregai o evangelho a toda criatura".[101] A cada dia mais se inflamava da crística mensagem de amor. O jovem parecia transfigurado palmilhando os caminhos do infinito, enquanto buscava o seu berço natal de forma completamente diferente do passado.

Começou a sua frutuosa colheita justamente onde, quando criança, havia aprendido as primeiras letras, "dessa maneira, um feliz começo augurou uma conclusão ainda mais feliz; onde aprendeu, também ensinou".[102]

No coração de Assis encontraria muitos de seus seguidores em Jesus Cristo; com eles atendendo ao divino conselho, sairiam por todos os lugares pregando e saudando: "O Senhor vos dê a paz". Mas, igualmente, no berço natal arrostaria, junto com os primeiros irmãos, os mais descaridosos descalabros: injúrias, ofensas, achincalhes e zombarias, mas para tudo ele estava preparado por Jesus, pois o sonho antes de ir para a Apúlia finalmente ganhava significação. O castelo que recebeu em sonho era o imenso campo de trabalho, rico de oportunidades e por isso mesmo invejado e hostilizado; as armas luzindo em ouro eram as defesas de Deus para ele e os seus amigos, os novos frades, e a linda noiva que o aguardava era a dama Pobreza! Enfim, tudo estava esclarecido!

Assomado do constante ardor de servir à dor e à pobreza, o Irmãozinho anotou, certa feita, tomado de dilatada inspiração:

> Jogar uma bolsa de ouro pela janela é fácil. Receber trinta e nove chicotadas sem piscar é fácil. Caminhar a pé descalço até o outro lado do mundo, açoitado pelos

---

[101] Jesus, Marcos 16,15.
[102] Celano, Tommaso di. *Opus cit.* Parte II, cap. X, item 10.

ventos e pisando neve, é coisa relativamente simples. Com a ajuda do Senhor, pode-se até entregar o corpo às chamas ou à espada, apresentar o pescoço à cimitarra, ser torturado no tronco, arrastado por cavalos ou devorado por feras, e até mesmo beijar a boca de um leproso... Mas ficar calmo diante do fantoche do ridículo, não se perturbar quando arrastam no chão a túnica do prestígio, não enrubescer quando se é humilhado, não temer quando nos despem do prestigioso nome social e da fama... tudo isso torna-se muito difícil, humanamente impossível, ou é um milagre claro da misericórdia de Deus em ação.[103]

Francisco entendia que tais perseguições, embora duras, eram um sinal evidente da comiseração infinita que os distinguia como definitivamente apartados dos tolos e ilusórios títulos mundanos. Mais humilde se tornava, mais se apuravam seus grandes valores.

O mundo, efetivamente, não tem senão um sorriso de compaixão pela simplicidade e, de ordinário, a despreza e moteja-a. Só o seu nome já serve para exprimir o desdém. A maior parte dos homens prefere que os chamem velhacos, trapaceiros, maus, astuciosos, manhosos, pérfidos, falsos, dissimulados a que os chamem de simples. É esta virtude tida em tão profundo desprezo que é preciso coragem para dizer uma palavra em seu favor e, mais ainda, para praticá-la em todas as circunstâncias da vida. Simulação e fanfarronada, hipocrisia e dissimulação, fingimento e doblez (hipocrisia) não reinam apenas no comércio, na política e nas relações mundanas; estes vícios – como veneno – estão espalhados em todas as esferas sociais e até no santuário íntimo da família. Esquecemo-nos como ser leais, retos e simples para conosco mesmo, o semelhante e ante o Criador, de tal modo a doblez é o espírito do mundo e do tempo.[104]

---

[103] Larrañaga, Ignácio. *Opus cit.* Cap. "Primeira Grande Aventura", p.130.
[104] Felder, Hilarino. *Os ideais de são Francisco*. Cap. IX: "Obediência e Simplicidade de São Francisco", p. 214.

No decurso dos tempos, outros irmãos, das mais diferentes paragens, juntar-se-iam à fraternidade nascente, denotando a necessidade urgente de certas regras de conduta. Assim Francisco começaria a pensar mais detidamente a esse respeito, orando pela intervenção de Deus.

7 – Reconciliar Pai e Mãe

> Ninguém pode servir a dois senhores; porque ou há de odiar um e amar o outro, ou se dedicará a um e desprezará o outro.
>
> Jesus (Mateus 6,24)

> O querer e o seguir hão de caminhar conformemente para a mesma direção, querer ir a vontade para um lado e os passos para outro, é não querer seguir.
>
> Antônio Vieira[105]

Interessante ressaltar que, na aventura de buscar Francisco através de seus mais formidáveis e respeitáveis biógrafos, deslumbramo-nos cada vez mais com novas gotas de perfume que, insuspeitas, incorporam a fragrância divina guardada na ânfora do Cristo: a ânfora, Francisco homem; a fragrância divina, Francisco espírito.

Os contornos de uma época, certamente, lançam respingos de tintas dos mais diferentes matizes na tela do comportamento humano.

As almas são suscetíveis, de alguma forma, à influência do meio social, político, religioso, dentro dos quais transitam nas experiências no planeta terreno. Desta feita, vislumbramos o jovem assisense levar para o futuro de suas atividades pelo Cristo fortes impressões colhidas desde a infância.

---
[105] *Opus cit.* § II.

Os úmbrios, à época de Francisco, compunham as estirpes ardorosas e aguerridas, eram entusiastas e viviam em constantes batalhas pelas renovações das classes sociais e pela defesa dos bens da religião.

Na família Bernardone, ardor divino, generosidade e apelo espiritual assomavam a alma piedosa de Pica de Bourlemont. A delicada dama vivia constantemente no limiar do romantismo espiritual característico dos trovadores provençais. Deste modo, da união do caráter dócil da genitora com o perfil rude e avarento do pai surgiu Francisco, forjado em meio a duas grandes contradições existenciais.

Desenvolveu-se nas impressões do jovem um duelo mental que retumbava das entranhas da sensibilidade espiritual, permanecendo até os últimos dias de sua vida. Desse modo, como imorredouras sombras, os reflexos psicológicos dos pais terrenos e das respectivas formações no lar, de alguma sorte, estarão com os filhos por toda a existência.

Certa feita, numa manhã de inverno, na Porciúncula, quando se aquecia ao sol sentado na soleira da porta, chegou um mancebo ofegante e parou diante dele, perguntando:

– Onde está Francisco, o filho de Bernardone? Onde está o novo santo? Quero lançar-me aos seus pés. Há muitos meses que erro pelas estradas à sua procura. Por amor de Cristo, irmão, diz-me onde ele se encontra.

Francisco respondeu, movendo a cabeça:

– Onde está Francisco, o filho de Bernardone? Também eu o procuro irmão. Há muitos anos que eu o procuro. Dá-me tua mão e vamos ao seu encontro.

Levantou-se, tomou o mancebo pela mão e partiu.

Confessaria Francisco, na idade madura, algo particular a frei Leão, enquanto caminhavam em certa manhã para pregar a Boa Nova numa aldeia. Novamente os remotos ecos da convivência familiar:

> – Meu pai e minha mãe lutam em mim e eu me esforço por reconciliá-los, mas eles não se reconciliam, e eu sofro. Ó Deus, ainda não consegui reconciliá-los! Eles lutam em mim há anos e essa luta tem sido toda a minha vida... Não importa os nomes que assumam, já foram muitos em minha percepção: Deus e o demônio;

o espírito e a carne; o bem e mal; a luz e a treva, todos permanecem meu pai e minha mãe!

"Meu pai ainda grita: 'Guarda os bens, busca o ouro, pois o ouro compra brasões, posição social, um homem sem prestígio não é nada! O brio da ascendência está entre as nossas maiores conquistas e por ele devemos pelejar incansavelmente! Somente o nobre e o rico são dignos de viver! O que vale ser bom? Nada ganhas, Francisco, somente te perdes! Se te quebrarem um dente, quebra em troca o maxilar de teu ofensor, não perdoes! Meu filho, jamais procures ser amado, mas temido! Não agracies, não suportes, não releves! Condena, revida e nunca desculpes!'

"A doce voz de minha mãe, no entanto, assombrada dentro da própria convivência familiar, sussurra ainda baixinho dentro de mim para meu pai não ouvir: 'Sê bom, meu filho, ama os pobres, os humildes, os deserdados da sorte. Perdoa sempre os que te ofenderem. Tudo na terra é passageiro. Esquece o ouro, as honrarias, os nomes. Ama, meu filho, esse é o teu maior valor.'

"Meu pai e minha mãe lutam em mim há anos e eu me esforço por reconciliá-los, mas eles não se reconciliam, e eu sofro" – repetia Francisco a frei Leão.[106]

Frei Tommaso di Celano, contemporâneo e primeiro biógrafo de Francisco, aliás um dos mais fidedignos deles, a pedido do papa Gregório IX, antes cardeal Hugolino e estreito amigo do Pobrezinho, foi convocado à tarefa especialíssima: deveria anotar tudo que ouvira de sua boca e presenciara de suas atitudes ou oriundo de testemunhas de confiança. Esse zelo que levaria Celano a afirmar em seus escritos, compostos por três grandes tomos: "para que a mudança dos tempos não confundissem a ordem dos fatos e não colocasse a verdade em dúvida."[107] Magnífico quando frei Celano chama a atenção dos pais terrenos em seus escritos, a respeito da infância e da família, buscando enfatizar a infância do filho de Pedro Bernardone.

---

[106] Kazantzakis, Níkos. *Opus cit.* Cap. "Natividade", p. 27 e 28.
[107] Celano, Tommaso di. *Primeira vida de são Francisco.* Parte Primeira, Prólogo.

A condescendência ou o silêncio dos pais, ante os deslizes e os pequenos erros dos filhos, é extremamente prejudicial, ecoando tristemente na idade adulta. Pela influência paterna, Francisco é criado insensatamente, ao sabor das vaidades do mundo. Imitou do pai a conduta que o incitava à frivolidade e à vaidade. Aliás, afirma o cronista, essa mentalidade estava por toda parte naquele tempo em que as virtudes dos cristãos estavam somente nos lábios e não em suas atitudes.

Tristes tempos em que a religião era uma ritualística ou uma negociata vulgar, com vistas à salvação comprada ao peso das moedas de ouro. Previu tudo isso Jesus, quando afirmou: "Nem todos aqueles que dizem, Senhor, Senhor, entrarão no reino dos Céus, mas os que fazem a vontade de meu Pai".[108]

Desta feita, o cronista não coloca mãos à obra sem antes tecer valiosos comentários sobre a educação dos filhos. Recordemos:

> [...] o espírito encarna para se aperfeiçoar e nesse período é muito suscetível às influências que recebe, para o seu adiantamento devem contribuir aqueles encarregados de sua educação.[109]

Os benfeitores espirituais sempre advertem para a tarefa que é considerada verdadeira missão. Quanta responsabilidade receber e conduzir uma alma no âmago do lar cristão, esteja ela reencarnando em mandato de amor, esteja ela inserida em cruciais e dolorosos resgates.

"Mal nasceram e as crianças ainda balbuciando já começam a aprender, por gestos e palavras dos pais, coisas indignas e abomináveis",[110] desaprova veementemente frei Celano.

Aduzimos, portanto, a imensa responsabilidade que guardam os pais e, nos primórdios do século XII, uma alma desperta para o Cristo já observava a importância da formação da infância no lar, avaliando os reflexos porvindouros desse desenvolvimento e do convívio dos filhos com os progenitores.

Jesus, o Mestre sempre presente, ao abraçar afetuosamente as criancinhas, demonstrou que somente o amor genuinamente cristão

---

[108] Mateus 7,20.

[109] Kardec, Allan. *O livro dos espíritos*. Questão 383.

[110] Celano, Tommaso di. *Opus cit*. Primeiro Livro, cap. 1.

há de salvaguardar, senão minimizar, os escolhos para os pequenos – homens do amanhã.

Destarte, Francisco sobrepujava na juventude os demais pelas frivolidades; no fausto e nas vanglórias, nos jogos, nos passatempos, nas risadas, nas folganças pelas tabernas, inebriado pelo vinho da momentânea inconsciência e nas roupas delicadas e luxuosas com as quais apreciava vestir-se. O jovem Francisco era muito rico, mas não avarento, antes pródigo; não ávido de dinheiro, mas gastador...

Eis o pai presente nas mais sutis impressões do jovem! Eis Bernardone, cujos valores digladiariam dentro de Francisco, por toda sua existência, com os bens morais e espirituais adquiridos de sua mãe.

Paradoxalmente, o filho de dona Pica exibia muitas vezes, em sua conduta, extrema humanidade, profunda afabilidade e sensibilidade, grande camaradagem com os amigos; ensaios para os expressivos vôos altruísticos do espírito, no futuro... Eis a mãe, presente nas suas mais delicadas impressões de Francisco!

Contextualizando os exemplos da vida Francisco para os nossos dias, bem como é nosso dever maior de lucidez contextualizar o Evangelho de Jesus para a atualidade de nossos empenhos, verificamos que somos legitimamente os observadores e conviventes das ações de Francisco, maiormente como as do Mestre Jesus, ainda hoje. Entretanto, cabe-nos a pergunta íntima: como nos posicionamos?

Podemos dizer que maiores empenhos ainda são esperados da parte daqueles que muito conhecem, faltando-lhes a devida vigilância. Convivas de Jesus, ora somos concitados a não pecar mais, ora aleijados pela preguiça e pela inércia, nas buscas superiores; em outros momentos cegos, perturbados espiritualmente e ainda conclamados constantemente à renovação. O Mestre, o legítimo educador, ainda é Jesus. Convidando-nos sempre, aguarda-nos.

> Guardai-vos, pois, de não carregardes os vossos corações com demasias de comer e beber e com os cuidados terrenos, para que aquele dia não vos colha de improviso. Virá como um laço sobre todos os habitantes da terra. Vigiai, portanto, e orai a todo tempo...[111]

---

[111] Mateus 24, 42.

82 | Helaine Coutinho Sabbadini

Granjeamos qual Francisco de Assis, em muitos momentos, com o pai, os mais condenáveis vícios do comportamento e neles nos comprazemos, neles nos formamos, neles estruturamos a nossa conduta.

Abraçamos, noutros momentos, o materno apelo da alma – da consciência espiritual onde todas as leis superiores dormitam[112] –, dulcíssimo e amoroso, a convocar ao desprendimento, à vivência no bem, ao altruísmo, à fraternidade e, sobretudo, à simplicidade – o que é inerente às grandes almas. Os nobres em espírito diminuem-se para que o Cristo cresça! Despersonificam-se para que o Cristo viva!

No duelo arrostado por Francisco, igualmente, por nós em outros moldes, que vença, como em Francisco venceu, o apelo maternal do Cristo – porque o que nos "importa, depois de despertos, é que ele, Jesus Cristo, cresça."[113]

---

[112] Kardec, Allan. *O livro dos espíritos*. Questão 621, Parte Terceira, "Das Leis Morais".
[113] Jesus, João 3,30..

8 – Santa Maria da Porciúncula

> Ide, pois as ovelhas tresmalhadas de Israel e pregai pelos caminhos."
>
> Jesus (Mt 10,6)

> O amor é o alimento das almas.
>
> André Luiz[114]

Depois de reparar a pequena capela de São Damião, tendo compreendido de maneira bem mais apropriada o chamado de Jesus para erguer não estruturas de pedra, mas para restabelecer o Seu Evangelho às almas em aniquilamento espiritual, colocou mãos à obra como entusiástico servidor do Mestre. Contudo, jamais deixou de auxiliar os frades beneditinos, zelando e reformando as suas pequeninas capelas pelo flanco do Subásio. A próxima seria a dos beneditinos de São Pedro, que foi melhorada por Francisco e seus primeiros seguidores.[115]

Em seguida à de São Pedro, o Pobrezinho encontrou uma capelinha muito graciosa e a ela se dedicou com muito amor. A pequena ermida era chamada de Santa Maria degli Angeli ou Santa Maria dos Anjos, passando à posteridade, também, com o nome de capela de Santa Maria da Porciúncula, por conta do local em que fora construída.

---
[114] Xavier, Francisco C. *Nosso Lar*. Cap. 18, p. 100.
[115] Larrañaga, Ignácio. *Opus cit.*, p. 97, último parágrafo.

> O servo do Cristo, Francisco, pequeno de estatura, humilde de pensamento e menor por profissão, escolheu para si e para os seus um pedacinho de terra, enquanto aqui (na terra) tinha de viver, pois não poderia servir a Jesus Cristo sem ter uma coisa do mundo. Devem ter sido inspirados por Deus os que, desde os tempos mais antigos, chamaram de 'porziuncola' – pedacinho – o lugar que deveria caber em sorte àqueles que deste mundo não queriam ter quase nada.[116]

A ermida de Santa Maria degli Angeli é estampada em sua formosura, delicadeza e espiritualidade somente através dos escritos franciscanos. Situada na comuna de Santa Maria dos Anjos, numa pequena porção de terra há aproximados quatro quilômetros de Assis, guardava aura de tocante e elevada impregnação psíquica. O interior da igrejinha media exatos sete metros de comprimento por quatro de largura.[117]

Nada obstante já compreendesse o teor de sua missão, como um retaurador de almas, Francisco jamais deixou de manter boas relações com os frades beneditinos que mui fraternalmente lhe cederam as capelas mencionadas; recuperá-las e mantê-las era mesmo uma questão de obrigação e necessidade para a Ordem.

Conforme aludimos, o local em que havia sido construída chamava-se *Porziuncola*, ou Porciúncula, que assim se chamava desde os tempos imemoriais. A área pantanosa, um pedacinho de terra quase insignificante, passaria à posteridade naturalmente esquecido, não fora a vivência santificada do missionário do Cristo e de seus frades na ermida erguida no local, junto a todos os acontecimentos que lá tiveram efeito, humanos e espirituais, imantando-a de eternidade.

Ressalvamos, entretanto, que rezava uma tradição oral pelas circunjacências de Assis que, depois de abandonada pelos beneditinos que se transferiram para as capelas do monte Subásio, muitos fenômenos espirituais tinham efeito na ermida Santa Maria dos Anjos. Alguns imputavam ao imaginário popular; outros, porém, afirmavam

---

[116] Celano, Tommaso di. *Segunda vida de são Francisco*. Cap. XII, "Santa Maria da Porciúncula", it. 18.

[117] Larrañaga, Ignácio. *Opus cit*. P. 97, § 3º.

terem ouvido, de fato, em diversas circunstâncias, coros de vozes angelicais vindos da ermida abandonada, falanges de espíritos angélicos descendo sobre ela, vozes, alegria e grandes celebrações espirituais.[118]

Francisco de Assis, em seus escritos, apresenta-nos o local, que adquire acauteladas definições e precisa localização, tendo em vista ter se tornado o mais sagrado sítio religioso da Ordem dos *Frati Minori*, frades menores, ao mesmo tempo como destinação importante de peregrinação atarvés dos tempos. Ademais, seria justamente na ermida consagrada a Santa Maria dos Anjos que Francisco revisaria a Regra da Ordem, escrita no pobre abrigo de Rivotorto,[119] dando feição mais aprimorada às sagradas normas a serem abraçadas pelos adeptos da Ordem dos Irmãos Pobres.

A igrejinha de Santa Maria dos Anjos traduzia o estilo de edificação beneditina da Úmbria romana, construída no século IV por eremitas oriundos da 'Terra Santa'. No ano 576 d.C., foi assumida pelos monges beneditinos. Erguida de pedras quadradas, manter-se-ia intacta através de muitos séculos, ressalvando-se a avaria da pequenina torre. Todos que visitam o Tabernáculo de Francisco, até a atualidade, sentem-se enormemente emocionados e tangidos por doce espiritualidade. Reformas e restaurações foram levadas a efeito através do passado recente, contudo, a aura possante e a impregnação das energias superiores permanecem até os dias presentes.

Depois de abandonar a proteção da família, Francisco encontrou asilo nas capelas que frequentava, por extremo carinho de seus mantenedores, visto que – além das disciplinas espirituais e orações a que se impunha – estava sempre ocupado nas constantes melhorias dos pequenos edifícios. O mesmo carinho acolheu-o na vetusta igrejinha dedicada a Santa Maria dos Anjos, atualmente localizada dentro de grande basílica com o mesmo nome. Ali se estabeleceria, entre Francisco e a capela, um elo místico todo particular: seria seu refúgio excelentíssimo para a coexistência com Deus, até os últimos dias de sua existência. O Irmão amava com predileção a grande e espessa floresta de carvalhos que se estendia da Porciúncula até a cidade de Assis. Tudo ao redor da pequena igreja inspirava sublimidade, desde a es-

---

[118] Larrañaga. *Opus cit.* Cap. "A Ermida do Bosque", p. 97.
[119] Hauser, Walter. *Opus cit.* Pp. 89 e 119.

tuante natureza aos contornos dos montes distantes; das coruscantes estrelas no céu noturno à variedade de pássaros.

Francisco restaurou a ermida da Porciúncula com particular agrado e terminou por recebê-la como presente do abade do monte Subásio, oferenda que ele humildemente não aceitou, afirmando que se manteria nela apenas como um empréstimo. Por esta razão, como valor de aluguel, todos os anos o Irmão enviava para o abade e seus monges um cesto cheio de *lasche*,[120] e o abade fazia-lhe sempre agrado com um pote de azeite. "Deste modo, frei Bento, o pai dos monges do Ocidente, foi o primeiro a oferecer um abrigo e um altar ao Pobrezinho que faria os conselhos evangélicos desabrocharem de maneira extraordinária",[121] enquanto isso, os irmãos mendicantes para se manterem esmolavam o pão de porta em porta.

Nesse tempo, somente os quatro irmãos incorporavam a igrejinha amada, assim sendo Francisco, com Bernardo, Pedro e Egídio, labutavam graciosamente no leprosário e junto aos lavradores humildes nas duras lidas diárias do campo. Jamais aceitavam dinheiro, somente alguns alimentos e pães. Embora as habilidades intelectuais de Pedro e a competência para coordenação de Bernardo, ainda viviam ao sabor do entusiasmo puramente espiritual e da caridade ao próximo; não possuindo horários estabelecidos, seguian quais crianças num mundo inteiramente novo e feliz. Caminhariam, no entanto, para disciplinas mais rígidas, quão maior o número de adeptos se juntasse à Ordem.

O Pobrezinho naqueles períodos de dedicação absoluta aos doentes no leprosário de San Salvatore, aos desprovidos da sorte, aos mendigos e às lidas nos campos, aconselhava firmemente aos irmãos que o Evangelho era a suprema Regra e que o comandante da Ordem era Jesus Cristo. Desse modo, recomendava o Irmão que aquele que sentisse necessidade de interromper os seus trabalhos habituais e recolher-se num dos *carceri*[122] do Subásio e lá ficar em profunda familiaridade com o Senhor, não se deixasse dominar pela hesitação, deveria fazê-lo!

Igualmente no pequeno e santificado local da Porciúncula a jovem assisense Chiara di Favarone di Offreducci começaria a sua vida <u>monástica, inic</u>iada pelo próprio Francisco, que lhe fez o corte dos

---

[120] Peixinhos.
[121] Hauser Walter. *Opus cit.* P. 95.
[122] Grutas naturais no monte Subásio utilizadas para meditação dos religiosos.

cabelos, cingindo-lhe com a veste humilde de servidora da dama Pobreza. Fundar-se-ia a Ordem das Senhoras Pobres e Santas Virgens, imbuídas do mesmo espírito da Ordem dos Frades Menores. Ao mesmo tempo, Francisco obteria do Divino Mestre – num novo êxtase – a indulgência do perdão para todos quantos se prostrassem em verdadeira contrição aos pés de Maria Santíssima, Mãe de Jesus, na ermida de Santa Maria dos Anjos, sem mais condenações eternas.

Narra a tradição franciscana a esse respeito que Francisco estava orando na igrejinha da Porciúncula, quando o local ficou completamente iluminado e ele viu sobre o rústico altar o próprio Jesus Cristo, junto com sua Piedosa Mãe, ambos rodeados por uma plêiade de anjos. O Mestre Imutável, então, perguntou-lhe o que almejava para a salvação de seus seguidores. Francisco pediu que qualquer mísero pecador ou todos quantos sinceramente arrependidos fossem à Porciúncula que lhes fosse concedida ampla e generosa indulgência, e um completo perdão. Continua a tradição que Francisco teria ouvido de Jesus: "Meu filho, Francisco, aquilo que pedes é grande; de coisas maiores és digno e coisas maiores tereis; acolho, portanto o teu pedido".

Não demoraria muito, Francisco, com frei Masseo, apresentar-se-ia em Perugia ao papa Honório III, com quem compartilhou o êxtase na Porciúncula. O pontífice, bastante impressionado dos dons do pobre frade, concedeu sua aprovação, contudo, uma vez por ano: no dia 2 de agosto, dia da festa litúrgica da ermida Santa Maria dos Anjos, a começar por aquele ano de 1216. Ao vê-lo se despedindo para partir, o papa perguntou-lhe, intrigado:

> – Irmão Francisco, não ambicionas nenhum documento formalizando o consentimento? Vais partir sem nenhuma anuência protocolar da Santa Sé? – ao que Francisco obtemperou serenamente:
>
> – Senhor Papa se é de Deus esse desejo, ele cuidará de manifestar a sua vontade; eu não tenho necessidade de nenhum documento. Este documento é a Santíssima Mãe, em pessoa, Jesus Cristo é o escrivão e os anjos são as testemunhas.[123]

---

[123] Hauser, Walter. *Opus cit.* Cap. 15, "A Porciúncula", p. 102.

88 | HELAINE COUTINHO SABBADINI

Milhares de peregrinos, através dos séculos, procurariam a pequena ermida para relembrar e reverenciar um dos mais notáveis discípulos do Inolvidável Mestre Jesus. Santa Maria da Porciúncula, em sua singeleza física e colossal latitude vibracional, é toda uma expressão de Francisco de Assis vivo, atuante, superefluente!

Retornamos ao decurso dos dias em que o Poverello, no interior da igrejinha, ouvia um monge beneditino realizar um ofício, guardando-lhe as anotações evangélicas como se fossem emanadas dos próprios lábios do Senhor Jesus:

> Ide, pois, às ovelhas tresmalhadas de Israel e pregai pelos caminhos... Curai os enfermos, ressuscitai os mortos, alimpai os leprosos, expulsai os demônios; daí de graça o que de graça recebestes. Não leveis ouro, nem prata, nem dinheiro em vossas bolsas, nem alforjes para a viagem, nem túnicas, nem calçado, nem bordão, pois quem trabalha já ganhou o seu sustento. Quando entrardes em qualquer cidade ou aldeia, informai-vos de quem seja digno de vos hospedar e com ele ficai até de novo vos meterdes a caminho. E ao entrarem nessas casas saudai, dizendo; a paz seja nesta casa. E, se aquela casa o merecer, nela entrará a vossa paz; e, se não o merecer, para vós tornará a paz. E, sucedendo não vos querer alguém em sua casa nem ouvir o que dizeis, ao deixar essa casa ou cidade, sacudi o pó de vossos pés.[124]

Constatamos que, Francisco de Assis, ao determinar que saíssem os frades menores para as pregações evangélicas, o fizessem em número de dois e que nada levassem; nem cajado, nem alforje, nem dinheiro, nem comida, nem duas vestes e nem duas sandálias. E que deveriam todos os frades saudarem as pessoas e os lares com a divisa cristã: "a paz esteja convosco".

Nos primeiros estudos do Evangelho na Porciúncula e nas demais ermidas, antes mesmo de sair com os frades em viagens apostólicas, o Irmãozinho, que em tudo se espelhava nas diretrizes contidas no

---

[124] Mateus 10, 6-14.

Evangelho de Jesus Cristo, nada fazia sem atender-Lhe os ensinamentos ao pé da letra, como se fluíssem dos próprios lábios imaculados.

Antes de compulsar os Escritos dos evangelistas, orava e pronunciava: "a paz seja conosco". A saudação inicial de paz seria expressa perenemente: antes dos estudos evangélicos, antes das orações, ao adentrar um lar ou uma vila, no encontro com outros frades, abades ou com representantes eclesiásticos. A vida de Francisco de Assis foi um reproduzir extraordinário dos ensinos do Mestre – inexaurível e devocionalmente no coração; vívido nas ações da cada instante; divisa e exemplo que ele legaria como regra áurea para os adeptos da ordem dos irmãozinhos da pobreza em Cristo.

Conforme havia feito anteriormente, restaurando as ermidas queridas do Subásio, Francisco assume a amorosa solicitação do Alto recebida em êxtase no interior da capelinha de São Damião, contudo, não mais literalmente, mas em seu transcendental significado, no mais redivivo e espiritualizante sentido: começou a restaurar o Evangelho do Cristo nas almas, reavivando a Divina Mensagem e oferecendo o "pão da vida" àqueles que tinham fome na alma; aos cegos pelas paixões aniquiladoras, clareando com a "luz do mundo".

Francisco desfez-se de seus últimos objetos, confeccionou uma túnica rústica, mais pobre e grosseira da que usava, em forma de cruz, e amarrada apenas com uma corda à cintura, e diariamente partia para Assis a pregar a Boa Nova.

A beleza e a alegria natural do modo cristão de vida, esquecidas por um milênio, vieram de novo à tona graças à vida e aos exemplos de Francisco. Porque a divindade na natureza estava também na vida do Cristo. A história de sua vida na terra começa realmente naquela esfera, na fronteira do mundo dos homens e dos animais, no estábulo de Belém. E, mesmo antes da visita dos reis para reverenciá-lo, os animais do estábulo tinham sido as primeiras testemunhas de seu nascimento.

O Cristo foi um peregrino sem casa, sem lar e, como andasse de lugar para lugar, estava sempre cercado pelas coisas da natureza e nada nela escapava à sua atenção, pois

> nela Jesus contemplava o Criador. Via os lírios nos campos, as figueiras e as oliveiras; via o sol se erguer, os peixes nas águas e as aves cortando os céus. E, quando pregava o Evangelho entre os homens, inseria a natureza em suas parábolas. Quando aconselhava seus discípulos a terem confiança na infinita bondade do Pai Celeste, lembrava dos lírios que o Criador veste, e as aves que alimenta.[125]

Francisco foi a ovelha mansa enviada por Jesus em meio aos lobos, a ele recomendou a mansuetude das pombas e a prudência das serpentes! E, assim, Francisco caminhou, de alma unida ao Criador, amando os pássaros dos céus e os lírios dos campos!

A zombaria era a reação natural nas primeiras pregações, afinal todos conheciam o filho de Pedro Bernardone e não era admissível uma mudança tão dramática. Entretanto, humildemente, o convertido de Assis jamais desanimou e, lembrando as palavras sábias de Jesus ,fortalecer-se-ia dia a dia: "Ide, eis que vos mando como ovelhas mansas aos lobos".[126]

> E que vida tão descansada fora a nossa, se assim vivêramos! Que fácil fora a paciência nas injúrias! Que igual a conformidade nos trabalhos! Que moderado o apetite nas pretensões! Que comedido o desejo nos afetos! Enfim, que, senhores fôramos de nós mesmos, e da fortuna! Mas porque não nos despegamos de nós, vimos a andar pegados a tudo, e por isso nos embaraça tudo.[127]

Passados aproximados quatro anos, outros se juntaram ao grupo da primeira hora, além de Bernardo, Pedro Cattani e Egídio, compondo a fraternidade que iria ao sumo pontífice na busca da aprovação da primeira regra de vida da ordem.

No sagrado refúgio da Porciúncula, resgatamos que o Paizinho recebeu um de seus mais queridos filhos, o jovem camponês assisense Egídio, dito alma cheia de fé e devoção, a quem o Senhor dera graças espe-

---

[125] Fülöp-Miller, René. *Os santos que abalaram o mundo – São Francisco de Assis o Santo do Amor*. P. 250.

[126] Lucas 10,3.

[127] Vieira, Antônio. *Opus cit.* § II, it. 4.

ciais. Francisco o amaria e conduziria com particular carinho paternal. Igualmente na pequenina Ermida, a pescaria continuaria fértil quando chegaram outros três assisenses: Sabatino, João e Morico, o Pequeno.

Os irmãos, ávidos, quais verdadeiros discípulos a relembrarem docemente Jesus, solicitaram daquele que representava em seus corações o *Alter Christus* uma oração que tomassem como santificada legenda, assim como o Mestre havia legado a oração do Pai Nosso aos seus seguidores. De tal modo, Francisco lhes ofereceu a sua oração:

> Senhor, nosso Deus, Jesus Cristo nosso Pastor, nós vos adoramos aqui e em todas as igrejas que há no mundo inteiro, e vos bendizemos porque com a vossa Doutrina, Amado Jesus, redimistes toda Terra.[128]

Nesse interstício, Francisco transferiu-se das modestas instalações da Porciúncula com os recentes adeptos para uma pequena acomodação em Rivotorto, à beira da estrada de Foligno, nome este – rio torto – por conta do rio que serpenteava nas margens; a diferente sinuosidade nos flancos inspirou assim o nome. O abrigo era tão pobre que era conhecido por *Tugurium*.[129] O local era tão apertado que Francisco teve que escrever na parede o nome de cada frade, marcando o seu lugar de modo a se acomodarem melhor. Oravam juntos diante de uma grande cruz de madeira que ergueram diante do paiol.

No *Tugurium*, à margem de Rivotorto, Francisco escreveu a sua primeira regra. Francisco ditava e Pedro Cattani, conhecido por ser o jurista da fraternidade, redigia. Nos esboços da primeira regra de vida para os frades menores, o Irmão prescrevia-lhes, através de palavras simples, que vivessem uma vida pobre e consagrada ao Evangelho de Jesus Cristo. Este primeiro documento de Francisco de Assis passaria à posteridade como *Proto-regula* ou Regra Primitiva; tais anotações tornar-se-iam base para as regras posteriores,[130]

[128] Larrañaga, Ignácio. *Opus cit*. P. 155.

[129] Tugurium era praticamente um paiol, foi reconstruído em 1929 e está dentro de uma igreja neogótica. É um dos pontos de visitação de peregrinos em Rivotorto.

[130] Larrañaga, Ignácio. *Opus cit*. "Em Poucas e Simples Palavras", p. 171.

muito embora o rústico documento se perdesse. Este fato foi, desde sempre, conhecido e citado por grande parte de seus cronistas e biógrafos.

Importante relembrar o profundo zelo de Francisco de Assis pelo Evangelho aplicado "ao pé da letra", numa autêntica prática diária. O Irmão ansiava sofregamente por trazer Jesus novamente à convivência diária. Quem sabe reminiscência da convivência passada com Ele crepitavam em sua alma numa louca ansiedade? Francisco vivia como se nada existisse na terra, somente o Cristo!

O Evangelho – abrigo seguro do Amado Jesus – era a sua cartilha de vida, aplicada também aos frades menores. Pensava, certamente, Francisco: "O que poderia ser mais importante do que isto? Intelectualismos, filosofias, ciências, teologias? Todas estão resumidas nas palavras transcendentes do Mestre Supremo, tamanha grandeza em palavras simples resumindo toda a essência da vida."

Jesus Cristo é nosso Mestre há vinte séculos: anda conosco, e não o vemos... Fala conosco, e não o ouvimos... Ensina-nos, e nada abstraimos... e nos consideramos estudiosos do Evangelho.

> Mas a névoa que cobre os nossos olhos quando o lemos é a falta de espanto, o hábito. Os homens não se afastam bastante do Evangelho, não o deixam agir sobre eles como se o lessem pela primeira vez; procuram respostas novas para velhas perguntas; engasgam-se com um mosquito e engolem um camelo.[131]

Passaram a se intitular igualmente de "penitentes de Assis", continuando a trabalhar ardorosamente nos terrenos da fraternidade; inclusive, à ocasião, desvelavam-se duramente por combater qualquer tipo de ócio.

No final do ano 1210, os frades, ainda residindo em Rivotorto, retornariam à Porciúncula, a capelinha de Santa Maria dos Anjos oferecida pelos beneditinos em empréstimo passaria, desde 1212, a ser o ponto mais importante de convergência dos irmãos. Do mesmo

---

[131] Julius Wellhausen. *Das Evangelium Johannis*. 1908, p. 3.

modo, São Damião tornar-se-ia o valioso abrigo da Segunda Ordem Franciscana, acolhendo Clara de Assis e as damas da pobreza.

Interessante resgatar que nas severas disciplinas dos frades, também alimentares, num jejum quase completo, um dos recém-adeptos entrou em verdadeira crise, rezingando durante a noite:

> Estou doente, Pai Francisco. Tenho fome, preciso comer, senão vou morrer. Dêem-me algo para comer! Estou faminto, meu Deus, estou faminto![132]

Num gesto de profundo e paternal amor, da mais legítima generosidade e compreensão, aquele que gradualmente começava a ser chamado de 'paizinho' por seus inúmeros filhos levantou-se e conduziu o novel frade à mesa tosca. Solicitou aos demais frades que depositassem na mesa todo o alimento que tivessem à disposição, e nada mais eram do que azeitonas, nozes e pães velhos. Convidando todos os irmãos, começaram a cear juntos com o irmão faminto, com muita alegria, como se estivessem em grande festa, para que o noviço não tivesse que se envergonhar da fragilidade do corpo. Magnífico gesto de bondade cristã!

Tão magnífica e emblemática a vida de Francisco de Assis! Tantas magistrais coincidências com a vida apostólica de Jesus Cristo! Arrebatamo-nos ao verificar em Francisco tão colossal encarnação da missão do Mestre Nazareno. Francisco ostentava espiritualmente, como o Discípulo Amado do Cristo, a presença viva e renovada do messianato divino que havia renovado a Terra há mil anos daqueles dias. O Poverello não buscou os irmãos para o colegiado, como havia feito Jesus em Sua autoridade infinita, mas chegaram a ele, um a um, até formarem um grupo de doze frades a relembrar – contínua e santamente – a missão que lhe fora oferecida pelo Senhor Jesus, em pessoa.

Bem como no colegiado apostólico de Jesus; um membro haveria de se afastar do ideal superior da missão; concordantemente, somente onze frades, de início, seguiram com Francisco.

---

[132] Lima, Alencar Bastos Guimarães. *Opus cit.* Cap. "Eu Morro! Eu Morro!", p. 215.

94 | HELAINE COUTINHO SABBADINI

Aqueles que se juntariam à fraternidade, ao longo dos vinte anos da vida missionária de Francisco de Assis, e com ele convivessem, logo testemunhariam que as virtudes sobejavam naquele espírito ímpar, mas ele particularmente primava pela simplicidade e pela humildade. Um de seus cronistas assinalou com mestria:

> A simplicidade de Francisco, como a sua obediência, andava ao lado da humildade. Há entre a humildade e a simplicidade laços de parentesco tão estreitos que só muita argúcia poderá distingui-las uma da outra. É humilde aquele que não se faz valer mais do que é. É simples aquele que não se mostra mais do que é. Quem se faz valer mais do que é, fá-lo em prejuízo da simplicidade; quem quer se mostrar mais do que é, fá-lo em prejuízo da humildade. Eis porque Francisco cita muitas vezes a simplicidade ao mesmo tempo que a humildade; diz-lhe o nome com tanta devoção, fala dela com tão vivo entusiasmo, que um homem do mundo fica admirado.[133]

---

[133] Felder, Hilarino. *Opus cit.* Cap. IX: "Obediência e Simplicidade de São Francisco", p. 211.

9 – Surge a Ordem

> Um profeta só é desprezado em sua terra, entre os seus parentes e em sua casa.
>
> Jesus (Mateus 13,57)

> Há dois mil anos os homens dormem com uma faca debaixo do travesseiro – o hábito. Mas o Senhor chama-se Verdade e não hábito.
>
> Dmitri Merezhkovsky[134]

Ao tempo em que o grupo de onze frades que iria a Roma na busca da aprovação da Regra da Ordem ainda não estava devidamente formado, o Irmão saiu de Santa Maria dos Anjos acompanhando de um frade, demandando para os lados de Rieti.

Romperam pela floresta de pinheiros, atravessaram Assis e atingiram Spoleto, sem entrarem na cidade, ganhando gradualmente os desfiladeiros do montes Sabinos. O Paladino da Pobreza ia pregando o Evangelho e manifestando a graça de viver em Deus; ele era completo júbilo de viver por aquela estação!

Conforme adoravam Jesus Cristo em todas as igrejas do mundo, que Lhe tomassem o Evangelho por roteiro, ajoelhavam-se para render graças quando viam um mosteiro ou uma ermida. Um dia, na

---
[134] *Jesus Desconhecido*. P. 12, § 1º.

embocadura de um pequeno vale, viram ao longe uma cidade chamada Tenri, que possuía um mosteiro no alto da colina, e, como de costume, puseram-se de joelhos a orar, mas o Pobrezinho assim ficou por indeterminado tempo, enquanto o frade se recolheu em respeitoso silêncio. Retornando da preciosa imersão em Deus, Francisco afirmou: – Fico a pensar que o Cristo tudo fez e tudo ofereceu por nós! Que podemos fazer em gratidão? Pelo menos, entregarmo-nos completamente a Ele e ao Seu Evangelho.

A dupla humilde, qual avezinhas preciosas de Deus em sublime revoada primaveril, rasgou as distâncias a pé cortando os vales e as montanhas para atingir a cidade de Stroncone, lá entrando para pregar o Evangelho à feição dos discípulos do cristianismo nascente.Depois passaram por La Marmore e Piediluco, anunciando jovialmente a Boa Nova. Tudo era jovialidade e santa inspiração! Tudo era paz e sagrado contentamento!

Finalmente os pequeninos do Cristo, vencendo as gargantas agrestes, se depararam com o estupendo vale de Rieti, um planalto quase divino, pleno de paz, beleza e serenidade, flanqueado por todos os lados pelos montes Sabinos. Muitos eremitérios franciscanos foram construídos nessas belas paragens através dos tempos. O local seria conhecido no porvir como o vale sagrado de são Francisco, pois lá seria palco de acontecimentos transcendentes para a história da Ordem.

O planalto parecia ter como eternas sentinelas os picos nevados dos montes Sabinos, água fresca corria de seus veios para a ampla várzea, que reverdecia agradecida! Ao contemplá-la longamente, Francisco, de joelhos, anunciou ao companheiro que gostaria de fazer daquele vale – sob o amparo do Altíssimo – um grande templo de oração.

Não muito distante, atingiram um pequeno povoado, engastado na encosta: Greccio era o seu nome. Nada existia mais belo na natureza do que aquele recanto, nascente dadivosa do rio Velino. Cada passo era uma contemplação! Depois, num altiplano e do lado oposto do vilarejo de Greccio, avistaram outra aldeia ainda menor, que se chamava Poggio Bustone. Grimparam o íngreme e difícil acesso à aldeia e, lá chegando, saudaram os moradores com votos de paz em Deus.

No futuro, um irmão da ordem terceira, João Vellita, que sabia da predileção de Francisco pelos lugares ermos, propícios à convivência com o Eterno, dar-lhe-ia de presente algumas grutas no alto da montanha de frente para o Greccio e, na floresta contígua, celas para os frades.[135] Muitas vezes os frades se reuniriam nessas alturas divinais e muitos lá permaneceriam em perene recolhimento espiritual. Dentre as moradas humanas e as moradas naturais, as últimas eram as preferidas pelo Pobrezinho, afirmando que são moradias que Deus oferece aos pobres.

Narra-nos Hauser que, certa feita, o Poverello, chegando lá nas alturas do Greccio para comemorar a Páscoa, deparou-se com uma mesa ricamente posta para os seus pobres costumes, com bela toalha, copos, louças e outros artefatos que engalanavam a festividade, tudo emprestado de um amigo abastado da redondeza que muito os amava. Francisco aguardou pacientemente e, depois das orações, deixou que todos se servissem, depois disso, aproximou-se com um bastão e um chapéu de mendigo, implorando: "Por amor de Deus, uma esmola a um pobre peregrino!"[136] Os frades menores, rapidamente, serviram-no um tanto encabulados e, com o prato na mão, Francisco sentou-se ao chão dizendo:

> – Agora estou sentado como um verdadeiro frade menor! Pois, vendo essa mesa tão ricamente arrumada, não achei que era uma refeição para homens cuja norma de vida em Cristo é esmolar de porta em porta.[137]

A lição tocaria fundo nos corações dos frades menores, advertindo-lhes para as distrações perigosas do caminho.

A dupla, rumando para os picos mais altos, cujos acessos eram dificílimos, atingindo mais de mil metros sobre o nível do mar, encontraram um *Specco*[138] em cujo redor tudo era vastidão celestial. Nessa gruta, Francisco suplicou ao frade deixá-lo sozinho em oração:

[135] Hauser, Walter. *Opus cit*. Cap. 32: "Entre seus Irmãos no Vale de Rieti", p. 209.
[136] *Idem, ibidem*.
[137] *Idem, ibidem*.
[138] Palavra com origem no idioma toscano antigo para nomear saliência numa pedra ou gruta.

– Irmão, a ansiedade tem sido também companheira de minha alma, como poderei ser a luz para outros se ando em trevas? Como poderei levantar a bandeira da paz se muitas vezes a angústia me sufoca? Só poderei consolar os irmãos se tiver a alma pacificada. Preciso me aconselhar com Deus, preciso estar a sós com Jesus!

O frade afastou-se respeitosamente, indo aguardar por seu tutor na vila próxima de Poggio Bustone, enquanto na gruta, mais e mais, Francisco consumia-se em Deus.

Quando Francisco saiu do *Specco,* o vale havia ganhado maior beleza e tudo estava límpido e maravilhoso. Sabia o que deveria fazer: precisava de normas em Cristo, firmemente embasadas no Seu Evangelho, dentro das quais sua amada fraternidade se mantivesse e perpetuasse. Justamente na gruta, decidiu dar contorno de uma ordem religiosa à verde e informal fraternidade nascente, contudo, um caminho longo teria que ser percorrido.

Imbuído dos chamamentos do Mestre Jesus, de maneira especial daqueles contidos nas anotações do evangelista Mateus,[139] "a missão dos doze", Francisco, transbordando de júbilo, apressou-se a concretizar a salutar recomendação. Sem demora, pôs o devotamento em prática a partir do ditame evangélico. Até então usava sandálias rústicas e carregava um bordão; deixou-os de lado e, contente com uma só túnica, substituiu a correia que cingia a veste por uma corda. Preparou depois uma túnica muito áspera, pobre e mal acabada para crucificar a carne dos possíveis apelos ilusórios.

O Irmão, revigorado espiritualmente, retornou ao encontro do companheiro de jornada na vila e de lá desceram para o vale, dirigindo-se festivamente para a cidade de Rieti. Sob as saudações costumeiras – "o Senhor vos dê a paz" –, começaram a pregar a mensagem da cruz, com um fervoroso entusiasmo. As pessoas eram atraídas pelo magnetismo de Francisco e, dentre elas, estava um jovem que ouvia atentamente a pregação; seu nome era Ângelo Tancredi.

O jovem, que procedia de família nobre, tinha uma estirpe de cavaleiro feudal, mas naquela hora rendia-se completamente ao chamamento de Jesus através da prédica de Francisco. Estava completamente fascinado! Logo convidou o Andarilho do Cristo para se

---

[139] Mateus 10,1-42.

hospedar em sua casa. O Irmão percebia que o cavaleiro era de "muito boa cepa" e hesitava se ele aderiria aos bens do Evangelho fervorosamente, mas estava assomado de forte intuição relativamente a Ângelo Tancredi. Ao entrar em sua casa, abraçou-o e beijou-o como pai mui amoroso, escutando dele:

> – Eis, meu pai, ofereço-me a vós e as minhas coisas; quando precisardes de túnica ou de manto ou de outra coisa qualquer, comprai que eu pagarei; e vede que estou pronto a prover-vos em todas as vossas necessidades, porque pela graça de Deus eu o posso, porquanto tenho em abundância todos os bens temporais, e por amor a Deus que mos deu, eu os dou de boa vontade aos seus pobres.[140]

O Irmão, profundamente tocado, vendo nele tanta cortesia e afabilidade, convidou:

> – Em verdade, gentil-homem, tu serias bom para a nossa companhia, tão grato e reconhecido para com Deus e tão amorável e cortês para com o próximo e os pobres. Deves saber, irmão caríssimo, que a cortesia é uma das propriedades de Deus, o qual dá seu sol e sua chuva aos justos e aos injustos, por cortesia, e a cortesia é a irmã da caridade, a qual extingue o ódio e conserva o amor.

E, voltando-se para os presentes, continuou:

> – E porque reconheço neste bom homem tanta virtude divina, de boa vontade que o gostaria por companheiro; por isso quero que retornemos um dia à sua presença, talvez, se Deus lhe tocar o coração, ele aceite ser nosso irmão no serviço com Jesus; entretanto, pediremos a Deus que lhe ponha no coração este desejo e lhe dê a graça de pô-lo em prática.

---

[140] *Os Fioretti de São Francisco*. Cap. 37: "Como Jesus Cristo fez converter, por intercessão de são Francisco, um rico e gentil cavaleiro", vide § 1°. 2°, 3°. 4° e 5°.

Dito isto, o Irmão recolheu-se em oração, suplicando ao lto amparo e inspiração para aquela vida.

Admirável! Daí a poucos dias, o desejo de juntar-se à fraternidade germinou no coração do gentil-homem, Ângelo Tancredi, dizendo-lhe Francisco:

> — Vamos, meu irmão, porque tenho certa esperança em Deus de que, com a tua abnegação das coisas temporais, Jesus Cristo se dará a Si mesmo como teu companheiro. Quanto a mim, Ângelo Tancredi, digo: Já serviste bastante ao conde de Rieti e ao imperador. Vem comigo! Eu te armarei cavaleiro do Cristo. No pós dos caminhos vais encontrar a liberdade. Tua língua será uma estrada e trombeta de salvação. Caminharás sob o estandarte da paz e o Cristo Jesus vai ser teu único capitão. Em marcha, combatente do Cristo![141]

De tal modo, o jovem Tancredi tornou-se frei Ângelo, aderindo à dupla humilde e rumando com ela para Porciúncula.

De retorno a Santa Maria dos Anjos, o Irmão convocou Pedro Cattani para auxiliá-lo na elaboração da regra, buscando dar perfil à ordem.

No futuro, duas vezes por ano, Francisco reuniria na Capela Nossa Senhora da Porciúncula os frades espalhados por várias províncias para novo capítulo da regra de vida dos irmãos. Numa ocasião especial, seria tão avultada a multidão de frades, em torno de cinco mil, que se tornaria necessário improvisar cabanas de caniços com esteiras de juncos, espalhadas ao ar livre. O assunto da regra desta ocasião ficaria conhecido como o "Capítulo das Esteiras".

Rapidamente os aderentes chegavam e a fraternidade crescia significativamente. A Úmbria se assemelhava a um vinhedo fértil exalando maravilhosos perfumes de devoção. Tão mais inóspita uma região ou uma floresta, um vale ou uma montanha pareciam, mais nelas ressoavam os louvores do Cristo através da especial predileção de Francisco pelos ermos, como suas verdadeiras catedrais naturais na busca de Deus.

---

[141] Larrañaga. *Opus cit.* Cap. "Armar-te-ei Cavaleiro do Cristo", p. 169.

Por essa razão, quão mais incultos os *carceri*, os montes, as cavernas, as vilas distantes, mais germinavam as esplêndidas canções do franciscanismo.[142] Todos eles marcariam – como estrelas de luzes imperecíveis – a caminhada de Francisco de Assis e dos frades menores:

– *Rivotorto*, 1210, onde o Irmão escreveu a primeira regra da ordem;

– *São Damião* e a *Porciúncula*, que ele amava com especial carinho, no ano 1206, no mês de setembro, ele houve, num transe místico, o convite de Jesus Cristo a restaurar a sua igreja;

– Os *carceri* do Subásio, cujos oratórios atuais remontam ao tempo de Francisco, tendo-os abraçado o convento de São Bernardino de Sena;

– *Arezzo*, no ano 1217, na cidade dois partidos inimigos litigavam subjugados por obsessão coletiva. Dentre os litigantes, Benedito Sinigardi e Ângelo Tarlati, que desempenhariam seu papel na história do franciscanismo do século XIII. Francisco e frei Silvestre os libertam do jugo terrível.[143]

– O *monte Casale*, onde Francisco abrigou amorosamente uns salteadores entre os frades;

– *Baschi*, onde o Irmão pregou aos peixinhos;

– *Bolonha*, onde, em 1219, uma pequena escola foi anexada à pequena igreja dos frades menores;

– *Poggio Bustone*, onde Francisco teve a certeza de que os pecados de sua juventude estavam perdoados;

– *La Verna* (*monte Alverne*), a montanha amada demasiadamente pelo Pobrezinho, imantada do rubro esplendor dos estigmas, no ano 1224;

– *Monte Rainério*, hoje *Fonte Colombo*, onde foi novamente redigida a regra da ordem;

– *Sarteano*, onde as perturbações e os testemunhos espirituais se fizeram intensos;

– *Greccio*, onde Francisco celebrou o Natal, em 1223, três anos antes de sua morte, inaugurando para a humanidade futura o presépio;

– *Cetona*, eremitério fundado pelo Poverello quando pregava pela região;

– *Celle di Cortona*, onde o Irmão permanecia frequentemente e com predileção;

---

[142] Hauser, Walter. *Opus cit.* Cap. 18: "As Primeiras Fundações", p. 119.
[143] *Idem*. Cap 22: "Os Frades Falam-nos do Santo", p. 150.

102 | HELAINE COUTINHO SABBADINI

– *La Foresta*, onde Francisco aumentou milagrosamente o produto de um vinhedo saqueado;

– *Veneza*, onde, numa ilha da laguna, o Irmão desembarcou retornando do Oriente;

– *Todi*, onde fundou um abrigo para criancinhas abandonadas;

– *Vale de Rieti*, em *São Fabiano da Floresta*, onde Francisco se hospedou na casa de um viticultor e o vinhedo foi quase todo destruído pelos romeiros que foram atrás do Pobrezinho, já muito doente.[144]

– Florença, onde os frades Bernardo e Egídio, a caminho da Espanha, passaram uma noite fria ao relento, sendo depois acolhidos cordialmente pela misericórdia alheia.

Desse modo, para os tempos imortais seriam assinalados em claridades superlativas, cada rústico e eremítico local em que Francisco de Assis e os frades menores consagraram com seus esforços cristianizados, imantando-os de energias superiores que remanescem até os nossos dias, a nos lembrar até a atualidade como do espírito ímpar de Francisco reverberava em vida a anotação evangélica: "As raposas têm as suas tocas e os pássaros seus ninhos, mas o Filho do Homem não tem onde repousar a cabeça."[145]

---

[144] *Idem*. Cap. 38: "Grave Enfermidade de Francisco", p. 251.
[145] Mateus 8,20.

10 – Conquistas em Cristo

> Por isso vos digo: "Não vos dê cuidados a vida, o que haveis de comer e o que haveis de beber; nem o vosso corpo, o que haveis de vestir. Não vale, porventura, mais a vida que o alimento e o corpo maios que a vestimenta?"
>
> Jesus (Lucas 6,25-34)

> Nascer, viver e morrer – a fim de viver sem nascer e morrer. É esta a filosofia paradoxal da natureza. Daqui a pouco adeus – belezas, perfumes e doçuras... Sementes vivas substituirão as flores mortas. A vida imortal desfilará sobre as pétalas mortas.
>
> Huberto Rohden[146]

Chega um momento na evolução de cada alma em que a principal preocupação não é mais a sobrevivência do corpo, mas o desenvolvimento do Espírito; não é mais o sucesso terreno, mas a realização do Eu.[147] De tal modo, sentia Francisco uma urgência crescente de estabelecer determinados princípios para a vida evangélica na nova Ordem, assentados em termos apropriados e fiéis para os seguidores de todas as épocas, não cabia ilusão do puro saber, mas a direção para se melhor viver em Cristo Jesus, "pois o homem só sabe aquilo que ele vive e o que ele é."[148]

---

[146] *De alma para alma*, p. 107.
[147] Walsch, Neale Donald. *Reflexões de conversando com Deus*. "A Reconciliação com o Eu", p. 14.
[148] Rohden, Huberto. *O sermão da montanha*. "Introdução", p. 18.

104 | HELAINE COUTINHO SABBADINI

A partir dos textos insofismáveis do Evangelho, como não poderia deixar de ser, Francisco, com a participação de Pedro Cattani, havia decidido escrever a *Regra da Ordem dos Frades Menores*,[149] tendo como essência a alegria de servir a Deus. O paupérrimo abrigo de Rivotorto é o abençoado local onde esses preceitos são assentados. As palavras iniciais da regra são: "A vida e a regra dos frades menores é esta: a promessa de observar fielmente o Evangelho de Nosso Senhor Jesus Cristo".

A regra primitiva, que se perderia através dos tempos, também chamada de *Protoregula*, era composta de quatro ou cinco pequenos capítulos, entretanto, sabe-se que era sedimentada em citações evangélicas com as instruções de Jesus aos seus discípulos, exaltando a pobreza, a renúncia e as virtudes necessárias para segui-lo.

Patenteia-se uma insofismável realidade através dos mais fiéis cronistas de Francisco de Assis: que a intenção dele era que, mais do que um documento, a regra fosse o próprio Evangelho vivido genuinamente, conforme o Mestre havia orientado aos seus discípulos.

Ficamos a imaginar que emoções não perpassavam a alma do Pobrezinho ao reconhecer, em espírito, a relatividade e a efemeridade de documentos erigidos por concepções meramente humanas. Para um espírito que havia desfrutado do contubérnio do próprio Cristo, quando na roupagem física de João Evangelista, não é de se estranhar que tudo o que desejasse fosse nada mais do que o próprio Evangelho como regra áurea de vida.

Francisco, liderando o grupo afervorado e idealista nos bens imperecíveis do Evangelho, retornou de Rivotorto para Porciúncula, pois um camponês viera reclamar o albergue para o seu asno,[150] pois o abrigo era público, e de lá partiram para Roma. Viajando pela via Flamínia, cruzaram o planalto de Rieti e foram descendo para as longas campinas romanas. Estavam no verão de 1209 quando chegaram à imponente cidade.[151]

Tentaram por duas vezes uma audiência com o papa, mas, em vão, não foram recebidos. Numa delas, Francisco prostrou-se de joelhos aos pés do papa, porém nada conseguiu e, entristecido, buscou em Deus

---

[149] Larrañaga, Ignácio. *Opus cit.* P. 171.

[150] Hauser, Walter. *Opus cit.* Cap. 13: "Rivotorto", p. 89.

[151] Larrãnaga. *Opus cit.* P. 177.

auxílio. Afortunados por estrela de boa sorte, encontraram-se com dom Guido, que estava em Roma e a quem pediram auxílio. O bispo, depois de muito pensar, lhes sugeriu algo: apresentar-lhes ao amigo, o cardeal João de São Paulo, alma carismática e muito achegada ao papa.

Para o futuro, o Irmão iria granjeando, por seus empenhos e constância, uma feliz oportunidade de apresentar-se ao pontífice Inocêncio III, "homem ilustre, muito rico em doutrina, celebérrimo orador e muito zeloso da justiça em tudo que se referisse ao culto da fé cristã",[152] buscando validar a ordem que criara – Ordem dos Frades Menores –, toda pautada na vivência pura da pobreza e do desapego, do amor e da dedicação fraternal, em nome do Altíssimo. Por essa razão persistiam em Roma, esperançosos e cheios de fé.

"Francisco não pertence à política religiosa, mas à transcendência espiritual" – afirmou o curador de Assis, bispo dom Guido, ao testemunhar a firmeza da fé e a constância nos bens espirituais aos quais seguia arrimado o filho de Pietro di Bernardone, em seu desiderato. Dom Guido, de alma compungida pela devoção do jovem e sentindo nos refolhos da própria alma a santidade daquele coração, decidiu oferecer-lhe todo apoio, franqueando-lhe acesso à alta política eclesiástica. O curador de Assis já havia tomado conhecimento de que crescia a humilde fraternidade e que o Irmão tinha elaborado uma regra para os procedimentos da ordem. As notícias sobre Francisco já corriam por toda parte!

Assim sendo, um grande amigo, o bispo de Sabina, João de São Paulo, seria o favorável aliado de sua causa a favor de Francisco e dos frades menores. Pensou dom Guido: "o bispo é muito influente em Roma e querido pelo papa, sem dúvida os irmãos irão conseguir, através dele, uma entrevista". Destarte, dom Guido e o bispo muito ajudaram o Pobrezinho na aprovação da norma de vida para os frades menores, o que tanto Francisco desejava.

O mundo até hoje continua, de certo modo e tristemente, assim: as estrelas de grandeza espiritual algumas vezes precisam descer às humanas decisões e ortodoxias da terra para validar, através de documentos, disposições burocráticas e hierárquicas, uma missão já validada pela espiritualidade superior, isso em todos os credos, em todas as doutrinas e em todas as religiões!

---

[152] Celano, Tommaso di. *Primeira vida de são Francisco*. Cap. XIII, it. 33.

106 | Helaine Coutinho Sabbadini

O bispo de Assis, em breve tempo, apontaria um encontro entre o prelado com o grupo de frades e, pleno de sagrado entusiasmo, afirmaria a João de São Paulo:

– Os irmãos são muito humildes e continuam dóceis aos sacerdotes. Tais testemunhos da mais pura humildade e desapego, de completo desprendimento das preeminências religiosas nos desafia e aturde, obrigando-nos a fazer uma severa revisão da vida. Seria muito bom João de São Paulo conhecer Francisco e seus companheiros – eequestou humildemente dom Guido.

Desse modo, o grupo afervorado, através do bispo João de São Paulo, que terminou por conhecer pessoalmente Francisco e os frades, tendo-lhes hospedado por alguns dias, tem audiência marcada com o papa Inocêncio III.

O Irmão mendicante, depois de apresentar-se ao sumo padre e expor o desígnio da aprovação da regra de vida da ordem, devassando o seu conteúdo, recebeu a ressalva do pontífice de que o propósito almejado estava acima de suas forças julgar. O papa hesitou quanto à determinação dos frades em se imbuírem de tão severos votos contidos na regra, duvidava se conseguiriam levar o mandato adiante. Entretanto, Inocêncio III, conhecido por ser alma generosa, aliado ao fato de deter um brilhantismo mental superlativo, convidou Francisco particularmente e solicitou:

– Meu filho, roga a Cristo Jesus para que nos manifeste a Sua vontade. Deste modo, quem sabe poderemos concordar com maior segurança com os teus piedosos propósitos?

O reivindicante reuniu o grupo humilde em afervoradas orações ao divino Cordeiro. Outro êxtase sobrevém, aliás, naqueles tempos Francisco já os recebia com santificada simplicidade, eram os seus particulares diálogos com Jesus Cristo. Nele tais palavras são ditas com grande limpidez:

> – Francisco, dirás ao papa: uma mulher pobrezinha, mas bonita, morava em um deserto. Um rei apaixonou-se por ela por causa de sua grande formosura, desposou-a todo feliz e teve com ela belos filhos. Quando já estavam adultos e nobremente educados, a mãe lhes disse; 'não vos envergonheis, meus queridos, porque sois pobres, pois sois todos filhos

daquele grande rei. Ide com alegria para sua corte, e pedi-lhe tudo de que precisais.' Ficaram surpresos e felizes quando ouviram isso e, orgulhosos por saberem que eram de linhagem real, conjeturavam que seriam os naturais herdeiros do rei, já antecipando a sua pobreza transformada em riqueza.

Apresentaram-se ousadamente ao rei, sem temer o rosto ao qual se assemelhavam. Vendo essa semelhança, o rei perguntou, admirado, de quem eram filhos, e eles disseram que eram filhos da mulher pobrezinha do deserto. O rei os abraçou, dizendo: 'sóis meus filhos e meus herdeiros, não tenhais medo! Se até estranhos comem à minha mesa, será muito mais justo que eu alimente aqueles aos quais está destinado por direito a minha herança toda'. E mandou que a mulher levasse todos os seus filhos para corte.[153]

Qual um Jogral de Deus, depressa Francisco estaria contando a parábola ao papa, qual segura resposta às suas orações. Assim ele a explanou ao papa:

– Santo Padre, a mulher sou eu, Francisco, pela fecundidade de meus muitos filhos. O deserto é o mundo, então inculto pela falta de Jesus Cristo nos corações e estéril de virtudes. A prole abundante e formosa são os que vêm a mim para ingressar nas genuínas ações evangélicas, ricos dos valores espirituais. O rei é Jesus Cristo, a quem se tornam parecidos pela pobreza santificada, em cuja abundante mesa real são alimentados por terem desprezado toda vergonha das coisas vis, pois estão contentes com a imitação de Cristo e vivem de esmolas, sabendo que hão de conquistar a bem-aventurança através dos desprezos do mundo.[154]

Completamente admirado com o que ouvira, o papa reconheceu que, concordantemente, havia recebido uma resposta através de uma visão espiritual; vira a basílica de Latrão prestes a ruir, mas sendo amparada por um frade, pequeno e desprezível, que a sustentava com seu ombro e a carregava em suas costas para não soçobrar. E completou admirado, referindo-se a Francisco:

---

[153] *Idem*. cap. XI, item 16
[154] Celano, Tommaso di, Segunda Vida de São Francisco, cap. XI, item 17

– Na verdade, esse é o homem que por sua obra, sua doutrina e seus exemplos haverá de amparar a igreja contra uma definitiva derrocada!

Francisco de Assis, no alvorecer do ano de 1210, veio a ser o primeiro fundador na vivência de uma ordem religiosa, dissonante da milenar formação da igreja tradicional, a se apresentar ao papa e dele obter aprovação. Que feito, que força, que gigantesca espiritualidade na missão do Pobrezinho!

Entretanto, em sua aguçada sensibilidade espiritual, previu que entre os seus próprios filhos poderiam suceder coisas contrárias à paz e à unidade, e temia que, como pode acontecer com os escolhidos, pudessem aparecer alguns inflados por cupidez dispostos a contendas e inclinados aos escândalos. Percebia que o mal e a ignorância constantemente investiam contra o seu precioso rebanho, incapazes de compreender as atitudes de altruísmo, humildade e bondade, porque tais valores não lhes eram absolutamente comuns.

Em todos os tempos, como à época do Grande Martirizado, a ignorância trevosa como um lobo devorador arremete-se contra a causa do bem. O mesmo sarcasmo mordaz, o mesmo descaso tirânico, a mesma crueldade repetem-se desde o instante máximo do Calvário, quando o Imaculado recebeu achincalhes, cuspidas e nada mais do que uma coroa de espinhos.

Arrolava-se o mundo nas terríveis cruzadas e as razões estavam na religião banalizada e egoísta, na falácia daqueles que se utilizavam das letras evangélicas ao sabor de suas interpretações mesquinhas.

> O homem profano só se interessa pelo corpo do Evangelho, procurando analisar, anatomizar, viviccionar palavra por palavra, matando a alma transcendente da mensagem, lembrando um cientista que analisa em laboratório uma flor, destruindo-a. Analisar é a palavra grega para dissolver; quem apenas analisa, dissolve, mata a vida da mensagem divina. Mas quem, em vez de ser ego-pensante, permite-se ser (cosmo) espírito-pensante, esse absorve os fluidos divinos da revelação do Cristo, assimilando intuitivamente a alma da letra.[155]

---

[155] Rohden, Huberto. *A mensagem viva do Cristo.* Cap. "Como Usar o Evangelho?", p.17.

11 – A Perfeita Alegria

> Assim aconteceu às chagas do corpo e alma de Cristo: as do corpo pediam alma, e deu-lhes Cristo à alma de Maria; as da alma pediam corpo, e deu-lhes Cristo o corpo de Francisco.
>
> Antônio Vieira[156]

> Se não tivesses comigo, irmão Leão, eu falaria às pedras, às formigas, às flores de oliveira... Tendo o coração a transbordar; senão o abro corre o risco de estalar.
>
> Francisco[157]

Quando em nada o homem é contrariado, tende insensivelmente a concentrar-se em si mesmo; grande engodo, porque se apodera dele o constante receio de tudo perder e vive sempre ansioso, sentindo-se infeliz. Para o homem, a desilusão é justamente a sua salvação!

> Se alguém quiser alistar-se debaixo de minhas bandeiras – diz o Cristo, há de negar-se a si mesmo, tomar a sua cruz às costas e seguir-me. A primeira regra de quem quer a salvação.

---
[156] *Opus cit.* § VII, Edelbra.
[157] Níkos Kazantzakis, in: Lima, Alencar Bastos Guimarães. *Opus cit.* Cap. "Os Primeiros Companheiros", p. 43.

> A mais notável sentença que Cristo pronunciou. O que quer dizer: neguemos a nós mesmos? Leve será a cruz de quem se tiver negado primeiro. A nossa cruz e a cruz alheia. A vida de Francisco estampa a vida do Cristo! Por essa razão a vida dos frades prossegue cheia de lutas e grandes conquistas, com o sepultar, cada vez mais, das ilusões da vida terrena.[158]

Verificamos que todas as parábolas propostas pelo Irmãozinho mendicante partiram de suas graves, dolorosas e frutuosas experiências. Aliás, qual Jesus Cristo, ele sempre se utilizou de parábolas para ilustrar seus ensinamentos e, até mesmo, os sonhos ou êxtases continuamente lhe sobrevinham como verdadeiras parábolas.

Retornamos ao passado ano de 1206, quando o jovem Francisco havia se despojado de suas roupas e sobrenome, na praça de Assis. Anotamos que, depois disso, ele atravessou o vale arborizado do Tescio, vestindo somente uma camisa e um velho manto oferecidos por um dos criados de dom Guido.[159] Assim o jubiloso noivo da dama Pobreza partiu para a nova vida.

Sentindo-se inflamar de uma alegria toda especial, caminhava cantarolando cantigas provençais de cavalaria, em francês. Naquele momento, era a criatura mais feliz da face da terra. Entretanto, todas as resoluções em Cristo precisam ser provadas no batismo do fogo. Diferentemente dos desembaraços terrenos, muitas vezes celebrados com apertos de mãos ou uma carta assinada, nos horizontes das conquistas espirituais isto é bem diferente.

Viver em Cristo é para as almas fortes, resolutas, corajosas, bem diverso do que viver uma religião; são dois valores completamente distintos. Para o último é preciso apenas a dinâmica do corpo; para o primeiro, os tremendos exercícios da alma.

Entardecia quando Francisco atingiu um desfiladeiro que abocava no povoado de Caprignone, igualmente distante de Assis e Gubbio.

Apresentando-se como mendigo, ele, que em outros tempos andara de escarlate, depressa caiu nas mãos de cruéis salteadores e estes, com hostilidade, perguntaram-lhe a identidade.

---

[158] Vieira, Antonio. *Opus cit.* § I e II, Edelbra.
[159] Hauser, Walter. *Opus cit.* P. 65.

– Sou um arauto do Grande Rei![160] Eu sou a trombeta do Imperador que vai anunciando a sua chegada![161] – respondeu forte e confiante.

Os ladrões riram-se prazerosamente, enquanto lhe batiam com impiedade, sacudindo-lhe por todos os lados, depois disso o agarraram brutalmente tiraram-lhe o tabardo,[162] jogando-o numa vala cheia de neve, vociferando:

– Fica aí, pobre arauto de Deus![163]

Depressa tendo verificado que nada o jovem possuía, afastaram-se dando muitas gargalhadas.

O novel convertido ensaiou várias vezes um modo de sair da vala profunda e escorregadia, até que, com muito custo, conseguiu. Trazia as pernas feridas, mas, longe de se aborrecer, louvou a Deus em alta voz pressentindo o seu primeiro testemunho de persistência, sempre se lembrando das imolações do Imaculado Jesus.[164]

Bateu a neve e as sujidades e partiu para Gubbio, cidade que já era notória desde os tempos das conquistas da águia romana, no primeiro século. Pensava, enquanto caminhava, que os salteadores roubavam porque não tinham pão e eram os abandonados do mundo e da sorte. "Esses também serão meus filhos, junto com os leprosos e os mendigos".

Sentia-se verdadeiramente jubiloso por ter sofrido em nome de sua decisão por Jesus, que nem percebera que estava muito ferido, com fome e praticamente desnudo, pois os ladrões lhe haviam arrancado o capote, contudo, nem as forças do Averno seriam capazes, naquele momento, de atemorizá-lo.

Rompendo depressa o distrito de Vallingegno, avistou o mosteiro beneditino de São Verecundo e ali pediu humildemente pousada, dizendo:

– Rogo pousada. Sou um pobre de Deus, faminto, sem roupa e sem casa. Dêem-me, pelo amor do Crucificado, a graça do trabalho para que eu possa receber meu pão e um trajo.

Francisco, cujas feridas nas pernas escorriam sangue, teve a sua entrada franqueada no mosteiro e encaminhado para os trabalhos na

---

[160] Celano, Tommaso. *Opus cit.* Cap. 7, § 16°.
[161] Larrañaga, Ignácio. *Opus cit.* Cap. "Embaixador e Rei", p. 82.
[162] Capote.
[163] Celano, Tommaso. *Opus cit.* Cap. VII, § 16°.
[164] Larrañaga, Ignácio. *Opus cit.* P. 83, § 3° e 4°.

cozinha sem dar qualquer conhecimento de sua procedência. Depois dos trabalhos, levaram-no para uma cela pequena com leito rústico e algumas cobertas.[165]

Recebeu no mosteiro escasso alimento e nenhuma roupa, mas trabalhou por muitos dias com imensa exultação, aliás, um júbilo completamente espiritual, como jamais sentira. Suas orações na pequena cela eram fervorosas e plenas de amor e gratidão a Deus.

Sentindo a necessidade de partir, não o fez sem antes orar e suplicar ao Alto que enviasse anjos para proteger o claustro que lhe dera abrigo por vários dias, como também pediu permissão a Deus para seguir. Cruzando com o prior do mosteiro, ajoelhou-se aos seus pés e agradeceu sentidamente o auxílio; implorou ao Céu muitas bênçãos para ele e para todos que ali viviam, partindo em seguida.[166]

Francisco prosseguia sua viagem para Gubbio recordando-se de um seu antigo amigo, Frederico Spadalunga, que lá residia. Pensou que talvez conseguisse alguma roupa com o amigo, pois continuava seminu.

Enquanto caminhava, absorvia-se em mil pensamentos, relativamente à experiência vivida no claustro beneditino:

– Como é bom ser pobre e sem identidade, pois Jesus, o Cristo de Deus, se fez pobre diante dos poderes do mundo. Se eu batesse às portas do mosteiro com belos trajes, ostentando um nome vultoso, seria recebido de forma muito diferente. Ó pobre mundo, ó pobres criaturas! Como miserável, recebi desdém; com frio e desnudo deixaram-me partir. Como é bom sofrer pelo Maior Crucificado da Terra. Mas quando conhecerei verdadeiramente a 'perfeita alegria' de sofrer as tribulações por amor a Deus?

Em Gubbio, conseguiu com o amigo Frederico Spadalunga uma veste pobre e alimento para retornar à estrada novamente.

No retorno de Gubbio para São Damião, Francisco parou no hospital de San Salvatore delle Pareti, onde residiam seus, então, amigos leprosos. Quando os irmãos viram-no chegar, cantaram de alegria. Num arroubo do espírito, Francisco começou a lhes falar:

– Meus irmãos e prediletos de Nosso Senhor Jesus Cristo, quando aqui cheguei pela primeira vez há muitos meses, vim com um saco

---

[165] *Idem.* Cap. "Entre as Panelas da Cozinha", pp. 83 e 84.
[166] *Idem.* Cap. "Entre as Panelas da Cozinha", p. 84, § 3º e 4º.

de moedas, pois ainda era filho do mercador Pedro Bernardone, mas agora que sou apenas filho de Deus trago-vos entranhas de mãe.

Passou vários dias no meio deles, aprendendo a história pessoal de cada doente, servindo-lhes, limpando-lhes as feridas e lavando-lhes as roupas. Levantava muito cedo, varria a casa e preparava-lhes o alimento. Quando o fazia, sentia-se embriagado pelo amor do próprio Jesus. O leprosário de San Salvatore permanecia em constante festa, quando o Alter Ego do Cristo lá estava. Tudo era festa e transbordamento espiritual!

Em tempos futuros, o Irmãozinho de Assis resgataria o assalto sofrido no caminho de Gubbio, em forma de parábola, depositando-a ao carinho de seu constante companheiro, frei Leão, para algo expressar sobre os seus sentimentos relativos à perfeita alegria em Cristo.

Numa ocasião, caminhavam os dois discípulos da pobreza em direção à Porciúncula, embalados pela viragem fria do entardecer que lhes balouçava as túnicas rústicas, brincando através de seus rasgos. Tudo convidava ao enlevo naquele momento.

Interromperam a caminhada para apreciar a estupenda paisagem e o céu já se tingindo das nuanças do entardecer, misturando no manto azul rajadas de um cardinalato divinal e um roxo intenso, com sublimes traços róseos. Era um espetáculo aos olhos e uma carícia de Deus ao espírito. O poente era um convite à meditação e à prece, quando o Irmão Francisco convidou o Cordeirinho de Deus, como carinhosamente chamava a frei Leão, para assentarem-se um pouco.

Francisco, notando que a friagem ganhava maior dimensão com o estômago completamente vazio e que o Irmão Cordeiro ressentia-se especialmente do cansaço e da fome, propôs uma parábola para distraí-lo:

– Frei Leão, escreve! – assim falava Francisco quando desejava falar algo importante e digno de nota para ser guardado para a posteridade dos ensinos.

– Pois não, Irmão Francisco, sou todo ouvidos – respondeu solícito o humilde frade.

– Ainda que os frades menores da ordem dessem por toda parte legítimos testemunhos de santificação através das obras da caridade; não estaria nisso a perfeita alegria.

Nesse ínterim fitaram embevecidos o horizonte já abraçado pelo véu escuro do anoitecer.

– Sim, Paizinho! – confirmou Irmão Leão para mostrar toda atenção.

– Ó Cordeirinho de Deus, escreve: ainda que os frades menores recebessem do Eterno Pai dons e carismas curando enfermos, fazendo milagres, até levantando mortos, não estaria nisso a perfeita alegria.

Frei Leão, entre curioso e algo ansioso, perguntava-se em silêncio sobre o sentido da parábola.

– Ó Irmãozinho, ainda que os frades menores falassem todas as línguas, dominassem todas as ciências e todas as escrituras, e lhes fosse dado o dom de profetizar, desvelando o futuro, nisso não estaria a perfeita alegria.

O companheiro capturava-lhe as palavras atentamente.

– Escreve, Irmão Leão: mesmo que os frades menores tivessem o dom dos grandes discursadores e tão inspiradamente convertessem milhões ao Evangelho de Cristo Jesus, inclusive fazendo com que as grandes e mais distintas autoridades da terra se rendessem a Ele, nisso não estaria a perfeita alegria.

Frei Leão, já mal contendo a ansiedade, perguntou:

– Paizinho, suplico, diga-me, em nome de Deus, onde encontrar a perfeita alegria.

– Escuta, Cordeirinho: caminho para Gubbio sozinho, com frio e faminto, a pernas a sangrarem pela inclemência da caminhada na alta noite. Vejo uma hospedaria e bato à porta suplicando pousada. De dentro uma voz pergunta: "quem bate"? E eu respondo: "um miserável pedinte, ferido e esfaimado, suplicando uma chávena de sopa e um abrigo pelo amor de Deus".

Imediatamente a voz responde: "vai-te embora, não temos nada para te dar, não é hora de viajar!" Mas, por minha suplicante insistência, o estalajadeiro abre a porta enfurecido e bate-me cruelmente com um bastão, agarra-me pela veste e sacode-me, jogando-me numa vala cheia de neve. Escreve, Irmão Leão, eu tudo suporto com paciência e júbilo, em nome de Nosso Senhor Jesus Cristo, pois ninguém foi mais imolado do que Ele.

Frei Cordeiro, muito contrito, acompanhava a moral da parábola fundamente tocado de emoção.

– Irmãozinho, escreve: somente nisso se encontra a perfeita alegria:[167] quando suportamos ultrajes, opróbrios, sofrimentos, abandonos, calúnias, pois nossa incumbência maior na vida é vencermos a nós mesmos! Todos os demais dons são frutos da misericórdia de Deus – a palavra inspirada, a profecia, a cura –, mas as nossas tribulações são nossas, unicamente nossas, Irmão Leão, e vivendo-as com compreensão, renúncia e perdão, amor e gratidão, lembrando dos sofrimentos de Jesus Cristo é que encontraremos a perfeita alegria.[168]

> A verdadeira alegria não está na auto-estima, nem na necessidade de reconhecimento, nem em fazer milagres e falar em línguas. Em seu lugar, coloque os fundamentos da cultura da paz: o amor, o perdão, a reconciliação para além de qualquer pressuposição ou exigência. Só então irrompe a perfeita alegria que é uma paz interior inalterável, capaz de conviver jovialmente com as mais duras contradições, paz como fruto de completa abnegação. Não são essas as primícias do Reino de Amor, de Justiça e de Paz? (...) Francisco fez-se pessoa-instrumento de paz (...) para a humanidade.[169]

---

[167] Sticco, Maria. *Opus cit.* Cap VIII: "A Perfeita Alegria", p. 209, 210.

[168] *Os Fioretti de São Francisco.* Cap. VIII: "Como a Caminhar Expôs São Francisco a Frei Leão as Coisas que Constituem a Perfeita Alegria".

[169] Boff, Leonardo. *A oração de são Francisco, uma mensagem para o mundo atual.* Cap. "A Suprema Forma de Paz, A Completa Abnegação", p. 70.

12 – Por que tu?

> Assim brilhem também a vossa luz diante dos homens, para que vejam as vossas boas obras e glorifiquem o vosso Pai que está nos Céus.
>
> Jesus (Mateus 5,16)

> A vida do homem cósmico é pura como a luz, na sua solidão mística – e é fecunda como a luz, na sua solidariedade crística.
>
> Huberto Rohden

O frei franciscano Tommaso di Celano, oriundo da região de Abruzzo, Itália, juntou-se a Francisco de Assis muito jovem, com a idade de quinze anos,[170] o que indica ser bastante plausível. Recapitulemos as próprias palavras de frei Celano: "Tivemos o privilégio, mais que outros, de um conhecimento direto, por convivência assídua e mútua familiaridade com ele."[171] Portanto, Celano desfrutou de

---
[170] Hauser, Walter. *Opus cit.* Cap. "A Fisionomia do Santo", p. 275.
[171] Celano, Tommaso di. *Segunda vida de são Francisco.* "Prólogo", § 1º e 2º: Ressaltamos que os relatos do frei Franciscano Tommaso di Celano, intitulados *Segunda vida de são Francisco,* decorreu do fato de que outros apontamentos chegaram ao conhecimento de frei. Dessa forma, frei Crescêncio, então ministro-geral da Ordem dos Frades Menores, solicitou nova revisão. Percebe-se que frei Celano já estava

momentos fecundos de convivência com o fundador da Ordem dos Frades Menores, bem como junto aos frades da primeira hora. Um ano depois da morte do Poverello, frei Tommaso foi encarregado pelo papa Gregório IX, antigo amigo do Pobrezinho como cardeal Hugolino, de escrever a biografia daquele que, de certa forma, revolucionou os conceitos da igreja.

Dentre esses relatos, fertilíssimos de informações e tangidos da mais pura devoção, encontramos as seguintes descrições do aspecto físico, comportamental, ético-moral e espiritual de Francisco de Assis:

> Era bonito, atraente e de aspecto glorioso na inocência de sua vida, na simplicidade das palavras, na pureza do coração, no amor de Deus, na caridade fraterna, na obediência ardorosa, no trato afetuoso, no aspecto angelical! Tinha maneira finas, era sereno por natureza e de trato amável, muito oportuno quando dava conselhos, sempre fiel em suas obrigações, prudente no julgar, eficaz no agir e em tudo cheio de elegância. Sereno na inteligência, delicado, sóbrio, contemplativo, constante na oração e fervoroso em todas as coisas. Firme nas resoluções, equilibrado perseverante e sempre o mesmo. Rápido para perdoar e demorado para se irar, tinha a inteligência pronta, uma memória luminosa, era sutil ao falar, sério em suas opções e sempre simples. Era rigoroso consigo mesmo, paciente com os outros, discreto com todos. Francisco era um homem eloquente e sem nenhuma fraqueza, sem nenhuma exuberância, de fisionomia alegre e feições cheias de bondade. De estatura regular, ou antes, pequena, tinha a cabeça redonda, média de tamanho, rosto bastante alongado, testa lisa e baixa, olhos

bem mais velho quando o fez; reavaliemos suas palavras: "Nossa memória, prejudicada pelo tempo como as das pessoas incultas, tem dificuldade para dominar as alturas de suas (Francisco) palavras ou a extraordinária excelência de seus feitos, o que seria difícil mesmo para a acuidade de uma inteligência exercitada, mesmo diante dos fatos (...) Este opúsculo contém, em primeiro lugar, alguns fatos admiráveis da conversão de são Francisco, não colocados nas biografias anteriores porque não tinham chegado ao conhecimento do autor."

médios, negros e puros, cabelos castanhos, sobrancelhas retas, um nariz regular, fino e reto, orelhas pequenas e direitas, fontes lisas, uma linguagem calorosa e persuasiva, voz possante, amável, clara e harmoniosa, dentes unidos, iguais e brancos, lábios finos e delicados, barba negra um pouco falhada, pescoço fino, ombros retos, braços curtos, mãos delicadas, dedos longos com unhas pontudas, pernas delgadas, pés muito pequenos, e pele fina. Era magro, usava vestes grosseiras, dormia muito pouco, tinha mãos generosas. E como era muito humilde, mostrava toda mansidão para com todas as pessoas, adaptando-se a todos com facilidade. Embora fosse o mais santo de todos, sabia estar entre os pecadores como se fosse um deles.[172]

Nas mesmas laudas de Celano, encontramos a breve descrição de Francisco a respeito de si próprio, quando interpreta o sonho que teve com a galinha preta e pequena, tão pequena como um pombo, buscando abrigar seus pintainhos sob as asas. Disse ele aos frades: "a galinha é Francisco, pequeno e moreno".[173]

O cronista Celano também acrescenta, em outro momento: "o servo de Deus, Francisco, pequeno de estatura, humilde de pensamento e menor de profissão".[174]

Destarte, temos a nossa frente um homem de aparência comum, sem exuberante beleza física, mas assomado de um estupendo encanto carismático. A voz forte e fecunda de um majestoso magnetismo contagiava a todos em suas pregações. Afirma frei Larrañaga que, onde Francisco chegava para pregar o Evangelho, começava apenas com uma conversa com dois ou três,[175] mas as pessoas, atraídas por seu encanto e superiores energias, em pouco tempo se amontoavam.

O escritor e teólogo Huberto Rohden possui uma afirmação que se repete em várias de suas obras, de modos diversos, mas sempre a mesma ideia: onde existir um poderoso polo magnético para lá osci-

---

[172] Celano, Tommaso di, *Primeira vida de são Francisco*. Cap. XXIX, it. 83.
[173] *Idem*. Cap. XVI, it. 23.
[174] *Idem*. Parte Segunda, cap. XII, it. 18.
[175] Larrañaga, Ignácio. *Opus cit*. Cap.: "Primeira Saída", p. 118.

larão todas as agulhas; deste modo, a fama do Pobrezinho crescia em generosidade, graça e espiritualidade.

Certa feita, em caminhada apostólica com frei Masseo, que era muito carismático, esbelto e querido na comunidade primitiva, encaminhavam-se para determinada vila, aliás nesse período o Pobrezinho já era conhecido e amado por toda Úmbria, estendendo-se para a região da Toscana.[176]

Os frades operavam segundo as recomendações de Jesus, saindo de dois em dois para a pescaria de almas. Irmão Masseo observava como os povoados, as vilas e as cidadelas recebiam Francisco: com o dobrar de sinos, as lojas fechavam as suas portas para que todos pudessem estar com o Paizinho amado. Sempre que o avistavam, gritavam de mãos para o alto: *Ecco il santo! Ecco il santo!* Eis o santo! E corriam para beijar-lhe as mãos.

Sem deter a íntima e saudável curiosidade, naquela ocasião frei Masseo perguntou ao Irmão:

– Irmão Francisco, segundo as regras do mundo, cujos valores são a beleza, a sabedoria, os títulos, a nobreza, percebo que tu contrarias todas elas.

Num sorvo profundo, irmão Masseo continuou.

– Tu não és belo, irmão Francisco, mas todos correm para te ver! Tu não és sábio, mas todos desejam se aconselharem contigo e, ainda, tu não és eloquente, contudo, todos acorrem para te ouvir. Porque tu, irmão Francisco? Porque tu e não outro qualquer aproxima tanta gente em todas as extensões em que percorremos?

Francisco, vivamente emocionado, ajoelhou-se à frente do frade e quis beijar-lhe os pés, mas prontamente o irmão o impediu.

– Ó frei Masseo, eu agradeço a Deus por revelar as suas verdades às almas puras e bondosas. Onde foste buscar tanta sabedoria? Deus tem mil olhos e não há para ele escuridão que não seja pura claridade. Escuta, irmão Masseo: não vendo Ele na face da terra criatura mais desprezível e mais insignificante, mais incapaz e ridícula do que eu, escolheu-me. Escolheu-me para ficar bem claro diante do mundo inteiro que o único que tudo faz é Ele, o único magnífico e soberano é Ele, Deus!

---

[176] *Idem.* Cap.: "Por que a Ti?", p. 223, § 3º.

"Ouve, irmão, se Francisco fosse belo, todos correriam para dizer: eis a beleza de Francisco! Se Francisco fosse eloquente, todos apontariam: eis a eloquência de Francisco! Se Francisco estivesse estudado nas grandes escolas de Bolonha, todos afirmariam: eis a sabedoria de Francisco! Mas como eu não sou nada disso, irmão Masseo, Deus escolheu a mim para confundir, somente para confundir! Para que fique manifesto, para que fique transparente que é Ele quem tudo faz através de mim.

"Sim, irmãozinho, o que redime é Deus e é viver em Deus; não a sabedoria, não os carismas pessoais, não os preparos intelectuais. Deus, através de mim, vem confundir a nobreza do mundo, a beleza do mundo, a sabedoria, o orgulho e a vaidade mundanos! Eu, minha pessoa e meus pobres dons, sou a antítese de tudo isso que Deus proporciona aos homens!"

O irmão Masseo ficou, por sua vez, inteiramente confundido, mas seguia intensamente absorto meditando nas palavras de Francisco, enquanto caminhavam. Sem desejar falar uma palavra na ânsia de mais ouvir dos lábios do Pobrezinho, apenas caminhava em silêncio.

– Algumas vezes, querido Masseo, eu gostaria de ser apenas uma mísera sombra diante da luz de Deus, mas não tenho nada e não sou nada! Ouve, irmão, se temos alguma coisa na terra, não é nosso, é apenas empréstimo para melhor servirmos; o homem que se apropria dos dons que não lhe pertencem é um ladrão vulgar, assim como o irmão que se envaidece das qualidades que não lhe pertencem.

"Ó frei Masseo, eu sou o maior pecador da face da terra. Falo isto não com falsidade e nem falsa modéstia; se alguma pessoa tivesse granjeado do Criador tantas consolações como eu granjeei, seria um servo fidelíssimo de Deus."

O Jogral de Deus, como ele mesmo se chamava, iria manter por todos os vintes anos de sua vida missionária os ensinos através das parábolas, bem como o tom da poesia e da alegria cristã em todas as suas ações. Os frades sempre cantariam belos hinos de louvor, não só nas pequenas ermidas, nas saídas apostólicas, nas datas comemorativas e na despedida de algum irmão partindo para alguma missão ou para Deus, pelas portas da morte.

Certa vez, perto da Porciúncula, deram a Francisco um cordeirinho, que ele recebeu com muito amor. Contudo, o cordeiro balia na hora das orações, fazendo com que o Paizinho o admoestasse com carinho a não perturbá-los em tais momentos; obediente o animalzinho passaria a entrar na igrejinha somente na hora dos cânticos dos frades, ajoelhando-se reverentemente sem que ninguém o tivesse amestrado. De igual modo, nas lagunas de Veneza, o Irmão viu-se no meio de um bando de pássaros que cantavam alegremente nos juncos, o que fê-lo afirmar: "Nossos irmãos, os pássaros, louvam a Deus. Vamos cantar com eles as nossas horas!" Mas como os religiosos mal se escutavam em meio ao alegre alarido das aves, o Paizinho viu-se obrigado a pedir-lhes: – Meus irmãos pássaros, calai agora o vosso trinado até acabarmos o nosso louvor a Deus. As avezinhas calaram-se imediatamente até o fim da salmodia,[177] quando Francisco deu-lhes licença para recomeçarem o canto, e imediatamente os juncais encheram-se novamente de mil gorjeios.[178]

Nos últimos momentos da vida do Pobrezinho e por sua amorosa solicitação, os frades mui contritos e emocionados evolariam as suas cantigas da Porciúncula através da magnífica floresta de carvalhos até Assis; e de Assis os louvores de amor e eternidade chegariam e permaneceriam no mundo inteiro.

Tangido por sublime inspiração, o Discípulo Amado do Cristo, cuja existência foi o mais autêntico modelo d'Ele, legaria à posteridade a sua oração por insistência dos frades menores – como Jesus Nazareno legou o "Pai Nosso" à humanidade. Estupenda força e prodigiosa inspiração, quando o Segundo Cristo havia entregado já há muito anos, comovidamente, a sua homília aos filhos queridos – pequena em letras, mas grandiosa em sublimidade, que ele repetia naquela hora:

– Senhor, nosso Deus, Jesus Cristo nosso Pastor, nós vos adoramos nas igrejas do mundo inteiro, porque com a vossa Doutrina, Amado Jesus, redimistes toda Terra.

A simples oração dimanou constantemente dos lábios de Francisco e de todos os adeptos da ordem dos irmãos pobres.

Noutro momento, no avançado da vida, o Jogralzinho Amado marcaria de beleza a poesia, traçando – a partir da inspiração espiri-

---

[177] Maneira de cantar, de recitar os salmos.
[178] Hauser, Walter. *Opus cit.* Cap. 19: "O Santo e os Animais", p. 129.

tual – o Cântico do Irmão Sol. Dante Alighieri, vate, escritor e notório franciscano desenvolveria a poesia do Pobrezinho, que bordou de imortalidade as alturas do Subásio e do Alverne, do monte Casale e a planície de Rieti; a rusticidade de Rivotorto e a pobreza dos *carceri*, a manjedoura do Greccio e os deslumbramentos de Cetona.

Os frades estavam sempre cheios de alegria pura, porque nada existia que os pudesse inquietar. Na verdade, quanto mais estavam separados do mundo, tanto mais ficavam unidos a Deus. Ao entrarem no caminho estreito e áspero, quebraram as pedras, esmagaram os espinhos; e assim, graças aos seus exemplos, tornaram o caminho mais fácil para os futuros seguidores.[179]

---

[179] *Anônimo Perusino.* Cap. 6: "Vida Comum e Amor Mútuo dos Irmãos", it. 30.

13 – A Conversão de Clara

> Jesus é, com efeito, o mais belo de tudo o que há no mundo e do que o próprio mundo. Quando apareceu, como um Sol, eclipsou as estrelas.
>
> Wasilij Rozanow [180]

> Sem Clara, o franciscanismo seria uma planta sem flor e uma partitura sem melodia.
>
> Ignácio Larrañaga [181]

No ano de 1212, os festejos para o domingo de Ramos agitavam a cidade de Assis. Todos se preparavam para a missa na catedral de São Rufino, também a nobre família Scifi: a senhora Ortolana e as três filhas – Clara, Inês e Beatriz.

A cidade apontava a filha mais velha da família Scifi, Chiara d'Offreducci, como a mais esplêndida dos cinco irmãos, inclusive, considerada a mais esplêndida das jovens de Assis. A moça de dezoito anos era muito amada e admirada pelo povo da cidade, que constantemente comentava sobre os seus carismas, adivinhando quem a desposaria.

Naquele dia ela parecia especialmente entusiasmada para a comemoração religiosa, tanto que se vestiu com o seu melhor traje: um

---

[180] *In*: Merejkovsky, Dimitry. *Jesus desconhecido*. Cap. X: "Seu Semblante no Evangelho", it. XXII, p. 334.
[181] *Opus cit.* Cap. "Intenção e Significado de Clara", p. 136, § 2º.

rico vestido de brocados e seda. Engalanou-se de suas mais belas jóias que luziam graciosamente em seus alvos braços e pescoço. A mãe e as irmãs, estranhando a inusitada atitude e considerando-a acometida de tolice infantil, pela aparente veleidade para uma solenidade sacra cujo desígnio era resgatar a entrada de Jesus Cristo em Jerusalém, montado em seu burrinho, pouco antes de sua crucificação.

No entanto, a jovem Clara estava completamente distante dos comentários familiares, definitivamente alheia às observações das irmãs. Nada podia roubar-lhe a alegria! Naquele dia, parecia assomada de uma diferente aura, seus olhos possuíam um brilho incomum e assemelhava-se mesmo a uma noiva preparando-se para os esponsais. Vivia a grande despedida de um período de sua vida e, em estado íntimo de festa, engalanou-se com primor.

As ruas de Assis repletavam de gente buscando a catedral de São Rufino para a preleção de dom Guido, ansiosos para receberem as bênçãos nas delicadas folhas de palmeiras ou nos ramos de oliveiras, com os quais no passado toda Jerusalém saldara Jesus.

Clara, qual noiva inquieta, avançava junto do povo para a igreja, mas já caminhando plena de expectativas espirituais por estradas invisíveis aos olhos humanos. A magnífica transformação em Cristo já havia principiado há algum tempo, contudo, qual aconteceu a Francisco, quase ninguém notou – somente a prima Buona e certamente o bispo e conselheiro das famílias assisenses, dom Guido.

A jovem belamente vestida quedou-se paralisada no fundo da igreja sabendo que o noivado que estava na iminência de assumir seria para toda a vida, mesmo assim, nada temia, pois aquele era o momento tão aguardado! Estava submersa num amor intenso pelo Cristo e não era possível voltar atrás: ou viver nas expectativas das realizações transitórias e finitas ou jazer num amor eterno e imutável, ardente e divino, por toda eternidade. Completa e transcendentalmente absorta, permanecia ausente de tudo ao seu redor, entorpecida no fundo da nave.

A bela donzela oriunda da opulenta família assisense sabia que estava prestes a deixar definitivamente para trás os sonhos e os castelos de felicidade acalentados pelas jovens de sua idade, mas estava resoluta, pois a sua personalidade e firmeza espiritual eram inquebrantáveis, o que ela demonstraria através de incontáveis atos de sua existência santificada no Evangelho de Jesus Cristo.

Navegando pelos mares infinitos de Deus, antegozava a vida entregue aos bens do espírito. Seus olhos nada enxergavam da realidade presente, mas divisavam panoramas divinais com os quais já se afinizava pela grandeza de alma. Assim, ensimesmada e entre lágrimas preciosas de devoção, nem reparou que o bispo de Assis atravessava a nave rumando em sua direção; trazia-lhe um ramo de oliveira.

O coração de Clara rejubilou-se extraordinariamente, pois sentiu que o carinho especial que dom Guido lhe demonstrou, naquela hora crucial, foi um sinal claro de sua aceitação por Deus. Abraçou-se ao ramo perfumado de oliveira e, se algum laivo de hesitação ainda existia em seu âmago, desvaneceu-se terminantemente. O ofício terminou e ela retornou serenamente ao lar. De forma decisiva já estava assomada do que seria a sua vida futura; contudo, tais revoluções espirituais passaram despercebidas aos olhos dos familiares e o dia findou como todos os outros, não fosse o fato de que aquela noite fora a de seus maravilhosos esponsais.

> *A literatura exaltou, mil vezes, as mulheres que arriscaram a vida pelo escolhido de seu coração, ou que deram a sua vida por um amor impossível. A história está cheia de amantes que fizeram proezas audazes. Mas é difícil imaginar uma mulher organizando e executando o que Clara fez por seu Escolhido.*[182]

Fechai os olhos, donzelas,
Sobre a estranha serenata!
Não é por vós que suspira,
Enamorada...
Fala com dona Pobreza,
O homem que na noite passa.
Por ela se transfigura,
– que é a sua amada!
Por ela esquece o que tinha:

---

[182] Larrañaga, Ignácio. *Opus cit.* Cap. "A Fuga Noturna", p. 227, § 2º.

> *prestígio, família, casa...*
> *Fechai os olhos donzelas!*
> *(Mas, se sentis perturbada*
> *pela grande voz da noite*
> *a solidão da alma,*
> *– abandonai o que tendes,*
> *e segui também sem nada*
> *essa flor de juventude*
> *que canta e passa!*[183]

Decisões foram tomadas, com a ajuda de sua prima, Buona, para a grande escapada noturna, pois o burgo com altas muralhas mantinha seus portões bem fechados, além dos vigias, que certamente as notariam. Entretanto, as duas jovens nada temiam e esquadrinharam tudo nos mínimos detalhes para atingir o objetivo superior. Qualquer risco valia a pena! Clara tudo estava disposta a enfrentar, nada a deteria!

Conseguiram abrir a grande fechadura dos portais da residência, com todo cuidado, avançando velozmente para uma fenda que existia na muralha e, através dela, ganharam as ruas de Assis. Sob um céu muito estrelado de inverno, caminharam a passos céleres e respiração ofegante na direção da grande concretização, enquanto os irmãos na ermida da Porciúncula – sabendo antecipadamente da deliberação da jovem – oravam para que tudo se resolvesse sem atropelos. "Clara é como o vime – dizia Francisco aos irmãos – doce, flexível, mas inquebrável. Em seu coração há fogo suficiente para queimar todos os obstáculos."[184]

As jovens corajosamente rumaram através de um atalho, percorrendo cinco quilômetros até a ermida, para finalmente avistar lumes à distância: eram Francisco e os frades que as aguardavam. Buona fora de grande auxílio e valor naquela hora decisiva.

Francisco as saldou alegremente, dizendo a Clara: "Sê bem-vinda, valorosa noiva. O nobre Esposo a tem aguardado!"

As jovens entraram na capela sob os cânticos dos frades e Clara dirigiu-se ao altar, em frente da retratação da amantíssima Mãe de Jesus ao estilo bizantino. Os frades lhe haviam preparado uma vestimenta

---

[183] Meireles, Cecília. *Pequeno Oratório de Santa Clara.*
[184] Larrañaga, Ignácio. *Opus cit.* Cap. "A Fuga Noturna", p. 228, § 2º.

modesta e ela, se recolhendo, trocou-se rapidamente, aparecendo aos olhos de todos como uma digna noiva de Cristo.

Clara estava mais linda do que nunca: o traje casto, os pezinhos alvos calçados de tamancos simples, os pulsos, o pescoço, as orelhas e os dedos sem mais quaisquer adereços mundanos, o que a tornava ainda mais divinal. As longas madeixas loiras soltas, sem quaisquer enfeites ou fitas, eram o que restava da antiga filha da casa dos Scifi, Chiara d'Offreducci.

Ajoelhando-se contritamente diante da imagem da Mãe de Jesus, a jovem orou comovidamente:

– Senhor Jesus, Mãe misericordiosa, entrego-vos a minha juventude e a minha vida, sem qualquer receio ou temor, pois quem caminha convosco nas estradas do mundo nada há de recear! Há muito para aprender, mas, arrimada ao sincero voto de irmanar-me à Pobreza e aos bens imperecíveis do Evangelho, alcançarei o triunfo espiritual; não sem lutas, não sem sofrimentos, não sem as grandes renúncias, pois sei que viver convosco não é para as almas tíbias. Vencendo a primavera de minha vida, quando celebro, jubilosa e agradecida, as núpcias abençoadas e esperadas por meu coração, rogo que eu possa me preparar para os mais rígidos outonos e invernos do espírito. Sou vossa, ó Deus! Sou vossa, ó Mãe Piedosa! Sou eternamente vossa, ó amado Jesus! Aceitai-me, Senhor, e que nada no mundo se interponha entre o imenso amor que vos devoto.

Transbordando de intensas lágrimas, quais pérolas de altíssimo valor, Clara aguardava a *tonsura*[185] que seria feita por Francisco. Ele se aproximou dela amorosamente, com extrema delicadeza e quase reverência, e com uma tesoura tosca começou a cortar as belas madeixas de ouro da jovem convertida. Cada mecha ele depunha sobre o dossel, e assim até que os cabelos ficassem curtíssimos. Em seguida, cobriu-lhe a cabeça com um véu branco e, por cima deste, outro escuro; desse modo nascia Clara de Assis para as benesses indefectíveis do espírito.

Como todas as empreitadas espirituais não são fáceis e são para as almas resolutas, requerendo muita vontade e decisão firme, a jovem enfrentaria o primeiro grande desafio. Logo souberam da ter-

---

[185] Corte de cabelo feito na iniciação religiosa.

rível decisão, seus familiares partiram na direção da ermida da Porciúncula. Era preciso resgatá-la e armaram-se da decisão de fazê-lo, tanto quanto Clara armou-se da decisão de nunca mais retornar. Francisco, Buona e alguns frades, conduziram-na para o mosteiro das beneditinas de São Paulo a aproximados cinco quilômetros da Porciúncula. Amanhecia, quando o grupo destemido chegou ao mosteiro. Somente assim, Clara, venturosa e agradecida, recolheuse em sua modestíssima cela.

Os familiares de Clara junto com vizinhos compunham uma verdadeira armada de assisenses; eles sinceramente acreditavam que a jovem havia perdido o juízo. Depois de baterem à porta da ermida de Santa Maria dos Anjos, sem encontrá-la, rumaram para o mosteiro das beneditinas, onde souberam que ela estava abrigada. Com serenidade a jovem atendeu aos familiares e amigos e nem as lágrimas desgostosas de dona Ortolana, nem as notícias do escarcéu em que o povo de Assis havia se quedado sabendo de sua decisão, foram fortes o suficiente para demovê-la. Súplicas, rogativas, prantos, intimidações, e nada!

As propostas da família Scifi foram desde as mais doces, até as mais ameaçadoras, contudo rechaçadas com brandura. Havia tanta firmeza e quietude espiritual na voz de Clara que os membros da armada resoluta perdiam gradualmente os argumentos.

Como as lamúrias e chantagens de nada valeram, os familiares ameaçaram entrar no mosteiro, avançando violentamente para agarrá-la à força e aos gritos:

– Tu és uma vergonha para tua família, criança tola! Não sabes o que é uma vida miserável! Verás a loucura que estás fazendo! Trocas uma vida de conforto e educação por andrajos na companhia de miseráveis! Caprichosa e sem juízo!

Clara abrigou-se no interior do mosteiro quando percebeu os ânimos se exaltarem, mas subitamente os familiares lá estavam ao seu encalço. A moça agarrou-se ao dossel do altar, enquanto puxavamna violentamente pelas vestes e pelo véu, de repente desnudando o cabelo tonsurado. Foi um choque! Abruptamente, ante aquela visão, tudo parecia irremediável... Os familiares, enfim, entenderam e se afastaram, partindo, em seguida, enxugando as lágrimas.

Francisco desvelou-se em assistência à pomba meiga de Assis, buscando protegê-la de todos os modos. Procurou um refúgio ainda mais seguro, certo de que a família Scifi não desanimaria em resgatar a admirável e inteligente jovem dama, que já possuía tantos pretendentes para um casamento bem sucedido.

Depressa Clara estava alojada no convento das beneditinas de Sant'Angelo di Panzo, no aclive meridional do monte Subásio, pelos empenhos de Francisco, que, por sua vez, já estava há dez anos na nova vida. Orava constantemente para que soubesse conduzir Clara, dado que ainda ajustava os próprios passos em Cristo, sentia as mesmas contraditórias emoções dos primeiros tempos de sua conversão, afinal, não tinha pensado numa vertente feminina da Ordem dos Frades Menores. Sabia que Clara desejava o estilo de vida dos frades pobres e, como eles, queria viver irmanada à humildade e aos bens do Evangelho, junto aos pobres e aos leprosos.

A Irmãzinha da Pobreza, no decurso dos tempos, decidiu-se por uma vida eremítica, e Francisco sempre acompanhava os voos de sua alma cândida. Ele mesmo teria sido um ermitão instalado em qualquer rincão dos Apeninos, entretanto crescia constantemente o número dos que dele dependiam. Portanto, a vida eremítica de Clara, alma extremamente cara à sua alma, era um contrapeso espiritual para as suas expectativas nos horizontes transcendentes. "Sem Clara, o franciscanismo seria uma planta sem flor e uma partitura sem melodia".

A primeira capela restaurada pelo Pobrezinho, São Damião, onde ele recebeu o sublime chamado de Jesus Cristo para a reconstrução de Sua Mensagem, seria o perene claustro das irmãs da Pobreza ou das santas senhoras da Pobreza. Através de Clara, inaugurou-se a segunda ordem em São Damião. Clara, na pequenina capela, realizaria o imorredouro sonho de Francisco: exclusivamente render-se a Deus.

Clara ainda vivia no mosteiro de Sant'Angelo di Panzo quando começou a receber visitações de sua irmã Inês, que, cada vez que lá comparecia, constatava a ventura espiritual de sua irmã mais velha. Depois da fuga de Clara, os sonhos casadoiros da família recaíram sobre Inês e a esse respeito à jovenzinha, de apenas quinze anos,[186] conversava constantemente com a irmã e dela ouvia:

---

[186] Larrañaga, Ignácio. *Opus cit.* Cap. "Inês", p. 237, § 2º.

– Inês, minha irmã querida, só existe um amor eterno: Deus! Nele não há temores, sujeições, ilusões e nem o peso do tempo que extingue as ilusões dos amores mundanos! O amor só é perene e verdadeiro quando amplo, imenso em Cristo, tão desmesurado que abraça toda humanidade, não podendo se aprisionar a uma só pessoa!

A menina estava fascinada por aquele amor sobre o qual lhe falava Clara. Tudo que desejava era que seu coração e sua alma se consumissem naquele amor verdadeiro. Não demorou e Inês ingressou na vida religiosa, como a irmã mais velha.

O mesmo ritual ameaçador sobreveio por parte da família. No entanto, presentemente, a jovenzinha contava com o arrimo da irmã mais velha, que a defendeu com sua força física e as veras de sua alma.

Narram os cronistas da vida de Clara de Assis que, quando os soldados enviados pela família Scifi, sob o comando de tal Monaldo, ao tentarem levar Inês – rasgando-lhe as vestes e arrancando mechas de seus cabelos impiedosamente, sob os olhos atônitos e os heróicos esforços de Clara, a menina passou a pesar tanto que parecia feita de chumbo. Nenhum homem conseguiu erguê-la do chão. Clara, em todo o episódio, defendeu a irmã destemidamente e cheia de fé em Deus.

Quando Francisco foi informado do acontecido, procurou Inês para abençoá-la e, pessoalmente, impôs-lhe o véu e o hábito humilde.

Emblemáticos os desígnios de Deus! Assombram-nos, muitas vezes, as determinações sábias do Altíssimo a respeito dos transeuntes em experiências reencanatórias, nem sempre compreendidas de imediato. Anos depois, Beatriz, a terceira moça da casa dos Scifi, juntar-se-ia às duas irmãs quando elas já estivessem devidamente instaladas na capela de São Damião, e, mais tarde, quando viúva, igualmente a mãe, dona Ortolana.

A capela de São Damião foi generosamente oferecida às jovens e senhoras, às quais Clara chamou de "irmãs pobres"; ao mesmo tempo, Francisco, com respeitoso cavalheirismo, as chamava de "damas pobres". Atingindo um bom número de irmãs, Clara rogou a Francisco auxílio para que a ajudasse a elaborar uma regra, uma forma de vida que fosse toda espelhada nos ideais dos frades menores, em devoção à pobreza, ao Evangelho e a Deus.

As damas da Pobreza mantiveram primordialmente a completa devoção à pobreza e a renúncia a todos os bens terrenos; esta seria a sempre a grande divisa das irmãs. Contudo, um ano antes de sua morte Clara, escreveria nova regra toda embasada na fraternidade, estabelecendo a destruição de quaisquer hierarquias dentro da ordem, "acabando com a verticalidade da autoridade", conforme menciona Larrañaga,[187] para permanecer a autoridade eminentemente moral, nas eternas vinculações do espírito pela fraternidade legítima. Isso também é confirmado por Maria Sticco:

> Em 1215, quis Francisco que Clara assumisse oficialmente a direção da ordem feminina de São Damião, com o título de abadessa. A jovem dama somente por obediência aceitou e, medindo a responsabilidade do encargo, somente com uma coisa se preocupou: em ser a primeira em todas as virtudes e desvelos e a última em quaisquer concessões.[188]

Clara de Assis devotar-se-ia por longos trinta e oito anos aos bens do Evangelho, no mais abençoado recolhimento em Deus, sem mencionar os dias da infância e da juventude, quando já expressava admirável candura e espiritualidade.

> Desde os primeiros tempos, em São Damião, Clara chamava o claustro de "Jardinzinho das Irmãs da Pobreza", pois pensava em na ermida como complemento da floresta dos "Irmãos da Pobreza" na Porciúncula. De si mesma dizia ser a menor planta que Francisco plantara no jardim da pobreza. Mas Francisco, na sua exuberância de menestrel, dava-lhe todos os nomes de todas as flores que amava, pois uma só delas não seria suficente para exprimir o esplendor e a beleza que Clara significava, no jardim da pobreza e da humildade.[189]

---

[187] *Opus cit*. P. 240.
[188] Sticco, Maria. *Opus cit*. Cap. V: "As Pobres Damas", it. "A Plantinha de São Francisco", p. 119.
[189] Fülöp-Miller, René. *Opus cit*. P. 238.

René Fülöp Miller nos abre uma janela de inquirição: seria o "jardinzinho de santa Clara a própria ermida de São Damião como um todo, e as plantinhas as damas pobres?"

Se Francisco a iniciou na vida religiosa, a presença metafísica de Clara representaria para ele constantemente força e ânimo, até o momento de sua morte. Dois corações que se completavam, duas almas superlativas em espiritualidade, duas individualidades que traziam seus traços característicos e, no entanto, se harmonizavam em sublime completude.

A jovem prometeu a Francisco eterna fidelidade à pobreza e desprezo pelos bens do mundo, levando uma vida de árduas pelejas pela manutenção física da Ordem das Irmãs Pobres, o que Clara chamava de "Privilégio da Altíssima Pobreza". As senhoras viviam sem dotes, sem rendas, sem propriedades, sobrevivendo do trabalho das próprias mãos. Clara de Assis sobreviveu vinte e sete anos a Francisco e nessas quase três décadas muitos clérigos e representantes da santa Sé se esforçaram para que ela renunciasse a tão duro voto, mas ela jamais o fez.

Vinte e quatro mosteiros de irmãs pobres difundir-se-iam desde a humilde ermida de São Damião e, como sucedeu com a Ordem dos Frades Menores, aconteceria também na ordem feminina; os ardorosos ideais de Francisco e Clara, completamente vigentes nas ordens primitivas, se descaracterizariam em outros mosteiros com o aumento incontrolável dos adeptos, ante os seus olhos impotentes.

Na regra escrita no último ano de sua vida, Clara incluiu o Privilégio da Altíssima Pobreza como uma norma precípua para a vida das irmãs pobres no futuro, mas o papa relutava em aprovar aquilo que considerava um grande rigor.

No desabrochar do ano de 1252, na avançada velhice, depois de quarenta e um anos de grandes rigores, a saúde de Clara piorava e ela ainda lutava para a provação da nova Ordem das Irmãs Pobres. No mês de setembro, encontrava-se acamada quando foi visitada pelo cardeal Reinaldo, protetor da ordem. Clara agonizava. Suplicou ao cardeal a aprovação da sagrada cláusula que tencionava legar à posteridade. O cardeal, hesitante, a aprovou em nome do papa, mas ela desejava o superior abono do sumo pontífice, queria partir tranquila.

Não demorou e a corte papal estava em Perúgia, muito próxima a Assis, quando o papa Inocêncio IV soube que a grande expressão espiritual daqueles tempos estava moribunda e foi pessoalmente visitá-la. Tamanha era a força daquela mulher extraordinária, tal foi o magnetismo emanado dela que tocou o representante maior da igreja, que pessoalmente partiu para o sacro convento, escreveu a bula de aprovação e a assinou, mandando-a para Clara. Com a tinta ainda úmida, o documento chegou às mãos trêmulas e envelhecidas de Clara em São Damião. A nobre senhora beijou emocionada a bula e morreu naquela mesma noite.

Nas últimas três semanas de sua vida física, os fiéis amigos – Leão, Ângelo, Junípero e Rufino – não saíram de sua companhia, relembrando o mesmo espetáculo da partida triunfal do paizinho Francisco. Ela estava muito débil, não se alimentava e a mente, antes lúcida e firme, vacilava.

As irmãs oravam e pranteavam, sem consolo, um dos frades lia o Evangelho, enquanto a luz, Clara, apagava-se gradualmente aos olhos humanos, para refulgir eternamente em filigranas de ouro, como sol divino, pela eternidade.

Já quarenta anos passaram:
é uma velhinha a menina
que, por amor à pobreza,
se despojou do que tinha,
fez-se monja,
e foi com tanta alegria
servir a Deus nos altares,
e, entre luz e ladainha,
rogar pelos pecadores
em agonia.
Já passaram quarenta anos:
e hoje a morte se avizinha.
(Tão doente, o corpo!
A alma, tão festiva!
Os grandes olhos abertos
uma lágrima sustinham:
não se perdesse no mundo
o seu sonho de menina!) [190]

---

[190] Meireles, Cecília. *Pequeno Oratório de Santa Clara.*

14 – Orar ou Pregar?

>Ficai comigo e eu ficarei convosco.
>
>João 15,4

>Aquele que busca não deve repousar enquanto não tiver achado; *e*, tendo achado, ficará espantado, espantado, reinará; reinando, repousará.[191]

O Pobrezinho do Cristo, algum tempo depois do célebre acontecimento na praça de Assis, já tendo recebido muitos companheiros que demonstraram o desejo de segui-lo, foi tomado de uma grande dúvida: se devia exclusivamente entregar-se à oração e ao recolhimento em Deus ou sair em caminhadas apostólicas a pregar o Evangelho. Orou e recorreu a Deus, pois desejava muito saber-Lhe a superior vontade.

A completa sujeição a Deus e à humildade que já desabrochara em divinas florações impediram-no de deliberar sozinho; refletiu e buscou conhecer a divina aspiração a seu respeito, através dos dons espirituais de outros.

Convocou frei Masseo e carinhosamente solicitou:[192]

– Parte, irmão Masseo, até a irmã Clara, em São Damião. Ela mora no quarto mais secreto do Senhor; todos os mistérios divinos são fa-

---

[191] Clemente de Alexandria, in: Merejkovsky, Dimitry. *Jesus desconhecido*. Cap. II, it. VII, p. 12.

[192] Larrañaga, Ignácio. *Opus cit.* Cap. "Sermão dos Passarinhos", pp. 215, 216 e 217.

miliares para ela. Roga-lhe, da minha parte, que ela se reúna com as mais espirituais companheiras e suplique a Deus por mim! Que possa ela com seus santos dons conhecer de Jesus o desejo do que mais me convém: dedicar-me à pregação ou somente ao recolhimento em fervorosas orações. Depois subirás pela garganta profunda do Subásio até os *carceri*, onde nosso irmão Rufino vive recluso em Deus e lhe farás a mesma indagação. No amanhecer do dia seguinte, Masseo foi cumprir o desejo do irmão Francisco.

Em seguida, convocou irmão Silvestre e pediu-lhe o mesmo: que orasse fervorosamente junto aos frades para saberem a vontade de Deus e de Jesus Cristo.

Irmão Silvestre, desse modo, reunido em orações com os irmãos, vislumbrou uma cruz de ouro sair da boca do paizinho Francisco e se estender maravilhosamente até ao céu, tão larga que ganhava as fronteiras do mundo inteiro.

Frei Silvestre era uma alma de muita devoção e da mais pura santidade, que tudo quanto rogava a Deus, alcançava. Incontáveis vezes conversava com Deus; por essa razão Francisco tinha por ele grande carinho e confiança.

O Pobrezinho obteria através de frei Silvestre a seguinte resposta: "Jesus Cristo me disse, irmão Francisco, que Ele não te chamou a este mundo somente para viveres isoladamente; mas para que obtenhas muitos frutos das almas e para que muitos através de ti sejam salvos".

Irmão Masseo, conforme solicitação de Francisco, trouxe-lhe notícias das palavras de Clara, que falou ao irmão nestes termos: "Jesus Cristo me revelou, frei Masseo, para divulgares ao irmão Francisco, que Ele não o chamou a este mundo somente para si; mas para que ele obtenha muitos frutos das almas e que muitos por ele sejam salvos".

O Cristo Jesus ofereceu a ambos a mesma resposta, sem retoques! Contudo, ainda sem recebê-las formalmente, antes de fazê-lo, grande alegria já havia inundado seu coração. Ele se reuniu com os frades revelando que havia recebido grandíssima caridade, lavou-lhes os pés e preparou-lhes o jantar.

Depois de jantarem, Francisco chamou frei Masseo reservadamente ao bosque e lá, diante do irmão, ajoelhou-se, retirando o capelo, e abrindo os braços em cruz, perguntou-lhe:

– Irmão Masseo, diga-me qual é a ordem de meu Senhor Jesus Cristo?

Respondeu frei Masseo, jubiloso:

– Jesus Cristo respondeu igualmente ao irmão Rufino e à irmã Clara, patenteando que a vontade d'Ele é que tu vás, irmão Francisco, pelo mundo a pregar, porque ele não te escolheu para viveres em contemplação somente, mas ainda para a salvação dos outros.

Então Francisco, ouvindo aquela resposta e conhecendo a superior vontade do Cristo, levantou-se com enorme fervor e disse:

– Vamos, então, em nome de Deus e de nosso Senhor Jesus Cristo pregar o Evangelho pelo mundo, irmão Masseo! Louvado seja Deus!

Francisco convidou os companheiros Masseo e Ângelo, homens que considerava portadores de grandes virtudes, e partiu com fortaleza de espírito, sem escolher caminhos mais fáceis, nem atalhos.

Aportaram a um castelo que se chamava Savurniano, onde Francisco pôs-se a pregar. Pelo alarido cantante das andorinhas suplicou que fizessem silêncio, até que tivesse pregado o Evangelho; e as andorinhas corresponderam humildemente.

No local pregou com tamanha devoção, que todos os habitantes daquele castelo quiseram segui-lo. No entanto, Francisco não os permitiu, dizendo: "Não tenhais pressa e não partais; preceituarei o que deveis fazer para a salvação de vossas almas".

Naquele momento, assomado de superior inspiração, pensou em criar ali mesmo a ordem terceira para o ingresso de todos. Dali partiu para Cannara e Bevagna, deixando-os extremamente confortados e bem dispostos às transformações espirituais.

Nessa caminhada, num determinado ponto, levantou os olhos e viu algumas árvores na margem da estrada, e nelas uma multidão de passarinhos, do que Francisco se maravilhou e disse aos companheiros:

– Esperai-me aqui no caminho, que vou pregar às minhas irmãs aves!

Entrando no campo, começou a pregar às aves que estavam no chão, e subitamente aquelas que estavam nos galhos das árvores vieram a ele e todas ficaram quietas, ouvindo Francisco anunciar a Boa Nova. Quando acabou a preleção, as aves não partiram enquanto ele não lhes deu a sua bênção. Que maravilhoso prodígio do amor puro!

140 | Helaine Coutinho Sabbadini

Que espetacular sentimento por toda expressão de Deus sobre a terra, somente possível através da alma elevada de Francisco de Assis!

Mais tarde, frei Masseo contaria tal prodígio ao frei Tiago de Massa, acrescentando: "O irmão Francisco, andando entre as aves, tocava-lhes com a capa, mas nenhuma se movia, nem voava". A substância da prédica do Paizinho foi esta:

– Minhas irmãs aves, deveis estar muito agradecidas a Deus, vosso Criador, e sempre em toda parte O deveis louvar, porque vos deu liberdade de voar a todos os lugares; deu-vos uma veste duplicada e triplicada; também porque reservou vossa semente, a fim de que vossa espécie não faltasse ao mundo; ainda mais Lhe deveis estar gratas pelo elemento do ar que vos concedeu. Além disto, não plantais e não ceifais; e Deus vos alimenta e vos dá os rios e as fontes para beberdes, e vos dá os montes e os vales para vosso refúgio, e as altas árvores para fazerdes vossos ninhos e, porque não sabeis fiar nem coser, Deus vos veste a vós e aos vossos filhinhos. Muito vos ama o vosso Criador, pois vos faz tantos benefícios. Portanto, guardai-vos, irmãs minhas, do pecado da ingratidão e empregai sempre os meios de louvar a Deus".[193]

Francisco, dizendo estas palavras, todos os passarinhos começaram a cantar, a estender os pescoços e a abrir as asinhas, reverentemente inclinando as cabecinhas para o chão, e assim demonstraram que as palavras do Paizinho lhes deram formidável alegria. Francisco e os frades se rejubilaram com tal multidão de pássaros e com a belíssima variedade, mais ainda com a atenção e a familiaridade que demonstraram, pelo que eles devotamente nelas louvaram o Criador.

Terminada a pregação aos passarinhos, Francisco deu-lhes licença para partir; então as aves em bando levantaram-se ao ar em magníficos gorjeios; e depois, seguindo o sinal da cruz que Francisco lhes fizera, dividiram-se em quatro grupos: um voou para o oriente e o outro para o ocidente; o terceiro para o meio-dia e o quarto para o aquilão. Cada bando cantava divinamente, denotando que o Arauto do Cristo, assim como eles divididos pelos quatro cantos do mundo, deveria levar a mensagem da cruz e os seus exemplos a outros irmãos em toda terra, junto com os frades que, quais os pássaros, nada de próprio deveriam possuir, confiando-se unicamente à Providência de Deus.

---

[193] Os fioretti de são Francisco. Cap. XVI.

Não muito tempo depois da pregação aos passarinhos, Francisco, com seus frades, parou num convento onde proferiu um de seus sermões. Coincidentemente encontrava-se naquele lugar um conhecido e prestigiado trovador da época, chamado Divini, que fora ao convento visitar a irmã. Diante das palavras do Poverello, que discorria sobre a paz da alma com ardor e encanto, o poeta ficou totalmente comovido.

Naquelas palavras sentiu toda beleza e harmonia que ele sempre procurava emprestar às próprias composições poéticas. Nas palavras de Francisco sentiu a consonância perfeita com a paz de espírito que as suas mais perfeitas rimas jamais tinham conseguido alcançar, nem sua coroação como rei da poesia, nem a fama de que gozava distante e vasta podiam ajudá-lo a desaprovar o opressivo reconhecimento de que toda sensibilidade e significação tinham sido arrancadas da obra de sua vida. Só uma coisa havia que podia proporcionar novo sentido à sua existência e erguer sua alma das profundezas do desespero em que havia tombado: tinha que renunciar à coroa de rei da poesia que lhe fora dada em Roma; tinha que esquecer sua fama de trovador célebre e praticar a humildade de um frade menor! A linguagem elevada de sua arte havia de ser substituída pela fala simples e chã como a daquele mendigo; em vez de compor seus poemas para cavalheiros e nobres damas, tinha que tomar a própria vida e dela fazer um poema de Deus, seguindo o exemplo de Francisco, o maior poeta que jamais vira, o poeta da vida![194]

Ajoelhado diante de Francisco, Divini exclamou: – Paz, dá-me paz, irmão Francisco!

O Mendigo do Cristo, tomando-lhe amorosamente o braço, solicitou: – Levanta-te e vem conosco, irmão da Paz, irmão Pacífico! – e o abençoou.

Naquele momento, Francisco ficou sabendo que aquele era Divini o trovador que ele idolatrava nos tempos de sua mocidade, quando também era trovador em Assis. Perplexo, silenciou, meditando nas maravilhas contidas nos segredos de Deus.

Daquele momento em diante, irmão Pacífico, como trovador de Deus, cantaria as mais belas rimas exortando homens e mulheres a admirarem e seguirem as mais belas poesias: aquelas contidas no Evangelho de Jesus Cristo.

---

[194] Fülöp-Miller, René, *Opus cit.* P. 252.

15 – Noite Escura do Espírito

> Naquela ocasião Jesus disse: – Eu te louvo, Pai, Senhor dos céus e da terra, porque escondeste estas coisas dos sábios e cultos, e as revelaste aos pequeninos. Sim, Pai, pois assim foi o teu agrado.
>
> Jesus (Mateus 11,25-26)

> Seja tão potente a força de teu espírito, seja tão pujante a juventude de tua alma – que nenhuma ingratidão te faça ingrato! Nenhuma derrota te faça derrotista! Nenhuma amargura te faça amargo! Nenhuma injustiça te faça injusto!
>
> Huberto Rodhen [195]

As cruzadas empreendiam seus avanços sobre os mouros, em terríveis confrontos e mortes em nome da religião, tristemente em estranha honra aos bens do Cristo. Os sangrentos confrontos, que duraram desde o ano 1096 d.C. até o ano 1316 d.C., deixaram um rastro tenebroso de destruição, fazendo jus à expressão de Humberto de Campos: "as sombras da idade medieval confundiram as lições do Evangelho, ensanguentando todas as bandeiras do mundo cristão".[196]

---
[195] *Opus cit.* Cap. "Ele é bom – crucifica-o!", p. 162.
[196] Xavier, Francisco C. *Brasil, coração do mundo, pátria do Evangelho.* Cap. I.

144 | HELAINE COUTINHO SABBADINI

Em fins do ano 1212, Francisco sentiu um impulso irresistível de comparecer à Síria, palco de tantos flagelos, contudo, tempestades e ventos marítimos desviaram a embarcação para a costa da Dalmácia e o Pobrezinho teve de regressar a Ancona.

Tempos depois, embarcou para o Marrocos em companhia de frei Bernardo, passando pela Espanha, pois tencionavam chegar até o sultão Miramolim. Entretanto, essa empreitada igualmente malogrou, pois a saúde de Francisco inspirou muitos cuidados nesse período e eles tiveram de retornar. Por esse tempo, o *Fratello* andou pela Toscana em evangelização e muitos se afeiçoaram aos seus ideais e se juntaram à ordem. Passado um ano, Francisco estava chegando numa das ilhas do lago Trasimeno e, em seguida, atingiu o eremitério Celle di Cortona.

Seria naquele tempo e local que Francisco conheceria o beato Guido e frei Elias, cujos procederes no futuro lhe trariam tanto desgosto, muito embora os modos corteses de Guido muito o tivessem impressionado.

A fraternidade dos *frati minori* crescia velozmente, antes de 1216. Apenas quatro anos depois da primeira tentativa do Pobrezinho ganhar as terras dos mouros, aderentes à ordem já se estendiam por todo norte e centro da Itália, da França e da Espanha.[197]

Esse foi um período abundantemente fecundo para a fraternidade através das muitas excursões evangélicas de Francisco, quando vários eremitérios foram fundados em muitas partes, sempre no alto das montanhas, como era da predileção do Irmão: Montecasale, Cetona, Sarteano, San Urbano de Narni, La Foresta, Greccio, Poggio Bustone, monte Rainério. Passou na fortaleza de Montefelcro, quando conheceu o conde Orlando e dele recebeu de presente uma montanha no Casentino, o monte Alverne. Nos primeiros dez anos da ordem, já contavam entre os frades primitivos muitos novos aderentes, perfazendo milhares de membros, espalhados por todas aquelas localidades.

No ano de 1217 d.C., aconteceu na Porciúncula novo capítulo da ordem, no qual se deliberou dividir a fraternidade, que crescera muito, em províncias. De igual modo deliberou-se a continuidade das viagens missionárias junto aos chamados sarracenos; somente séculos mais tarde os sarracenos seriam titulados de muçulmanos.

---

[197] Larrañaga. *Opus cit.* P. 247.

Retornando ao crescimento vertiginoso da fraternidade, somos obrigados a ressaltar que a familiaridade de Francisco com seus frades, nos primeiros anos da ordem – conhecendo-os pessoalmente num convívio consecutivo e bem próximo, inclusive sabendo-lhes profundamente os defeitos e as virtudes características –, não poderia ser a mesma com os tantos frades espalhados por diversas províncias. Francisco até aqueles momentos fora um pai, um modelo muito próximo de seus ideais; era ele em pessoa o inspirador dos movimentos da comunidade primitiva, a vela segura que conduzia o barco da Ordem dos Frades Menores.

Aqueles que viviam na Lombardia, na Toscana, na comarca da Úmbria estavam unificados pelo mesmo idioma, o toscano antigo,[198] e pelos ideais puros de Francisco, o que passaria a não acontecer nas províncias mais distantes, entre húngaros, espanhóis, ingleses... Ademais, uniam-se aos camponeses rudes e artesãos iletrados os clérigos renomados; burgueses e homens de grande intelecto conviviam com os corações simples do povo, numa grande heterogeneidade e nas mesmas comarcas.

Muitos intelectuais se ressentiam da tamanha desigualdade, por não existir uma escola que os formasse ou os unificasse a partir dos mesmos princípios.

O molde de vida na comunidade primitiva; muito pobre e rústico, ao sabor dos voos da alma, como em São Damião, na Porciúncula e em Rivotorto, já não servia para os muitos que afirmavam que a ordem viria a soçobrar sem alguns novos alicerces burocráticos.

Os filhos queridos da primeira hora estavam espalhados pelas comunidades novas, junto a milhares de outros que sequer conheciam Francisco pessoalmente. Os condutores destas comunidades eram oriundos de cleros influentes, homens preparados em intelecto e teologia. Seriam justamente estes que travariam árduas pelejas com o fundador da Ordem dos Frades Menores, por reformulações na Regra de Vida dos Frades.

Os tais intelectuais reconheciam a missão espiritual de Francisco, jamais isso foi motivo de dúvida ou altercações, contudo, pretensio-

---

[198] Verificamos a referida citação em variadas biografias de Francisco de Assis – a respeito do idioma ao tempo de Francisco como sendo toscano antigo, junto aos vários dialetos utilizados nas vilas italianas, além do latim.

samente acreditavam que ele era incapaz de organizar e gerir as tantas congregações, amante que era da pobreza e da simplicidade.

Até então, os frades viviam segundo as suas sagradas inclinações na vida religiosa e Francisco lhes dava esse livre-arbítrio; como eremitas, pregadores, enfermeiros, mantenedores das ermidas no conjunto de suas mais rudimentares necessidades. Nada obstante, com as novas centenas de irmãos era diferente, posto que, incontáveis nem possuíam verdadeira vocação para o princípio básico instaurado pelo fundador: a vida de completo desprendimento dos bens terrenos.

O Irmão sentia necessidade de algo fazer, em face do imperioso problema, mas não era homem das decisões intelectuais, das dialéticas, das propostas formalísticas; era uma alma a serviço de Deus e do Evangelho, arrimado à mais santa pobreza.

Francisco de Assis atravessaria o mais extraordinário momento de sua vida, desde a conversão; sobreviriam aproximados quatro anos de angústias e incomensuráveis perturbações. O Irmão perdeu a jovialidade cristã e embrenhou-se numa noite escura que são João da Cruz, mais tarde, chamaria de "a noite escura do espírito". Não eram somente os problemas de caráter organizacional da ordem que o consternavam, eram também as coações tremendas sofridas dos ministros e intelectuais; ao mesmo tempo, arrostava enormes pressões espirituais inferiores.

"Sinto uma tristeza mortal" – dizia Francisco aos seus frades mais próximos, ao receber a notícia de que a norma de vida que havia elaborado, desde os primeiros tempos, com Pedro Cattani, fora considerada uma codificação rudimentar e insensata. A tristeza o abatia visivelmente; tornou-se irritadiço e depressivo. Contudo, no capítulo da regra de 1217, diante de uma multidão de frades, o Irmão já bastante resoluto confirmaria os seus princípios basilares convocando todos à pobreza e para as saídas apostólicas, em pregações do Evangelho. O próprio Poverello, tomando a companhia de frei Masseo, rumou para os lados da França.

Atingindo Florença, encontrou o cardeal Hugolino, que o chamou para uma conversa a respeito das difíceis demandas que a ordem atravessava. O cardeal sempre fora um amigo verdadeiro e entre ambos reinava a afinidade sincera das almas, ressaltando o caráter disciplinado e determinado de Hugolino, determinação também encontrada nas ações de Francisco. A camaradagem fraterna se estabelecera desde os primeiros tempos. Entretanto, Hugolino sentia a urgência de advertir Francisco quanto à necessidade de estabelecer novos princípios para a fraternidade dos irmãos pobres. Aproveitando o encontro convidou, o *Fratello di Dio* para uma conversa amiga e aberta. Hugolino, como porta-voz do papa e dos ministros, advogava "ordem, disciplina e eficácia"[199] para o sucesso da continuidade da ordem:

– Francisco, meu filho, preciso advertir que na Cúria de Roma existe um grupo forte de cardeais que não te apreciam, tampouco veem os teus empenhos na fraternidade com bons olhos; conhecem-te desde a visita ao papa Inocêncio e afirmam, categoricamente, que tu és um sonhador bastante perigoso.[200] Contudo, eu e mais alguns prelados nos levantamos sempre em tua defesa. Entretanto, venho rogar-te que nos ajude não te afastando como pretendes na direção do Oriente. Por favor, meu filho, não cruze os Alpes, não te afastes num momento tão delicado!

Um dardo venenoso não feriria tanto o seu coração quanto aquelas referências, muito embora tivesse notícias da posição de alguns ministros em Roma; confirmá-las fora bem mais difícil. Abaixando a cabeça, deixou uma lágrima solitária e quente rolar por sua face emagrecida. Num suspiro profundo, encontrou forças para responder ao cardeal Hugolino:

– Cardeal, desde o início, eu e meus filhos, pobrezinhos de Deus, saímos, como preceituou Jesus, como ovelhas em meio aos lobos, enfrentando sarcasmos, pedradas, insultos e blasfêmias de toda natureza. O que temer agora?

– Todavia, irmão Francisco, se te afastares ou mandares os frades às regiões inóspitas e desconhecidas, irás expô-los a grandes vicissitudes.

Meditando detidamente e buscando as razões mais profundas e espirituais que dessem significação às viagens apostólicas, o Irmãozinho respondeu serenamente:

– Se me permites expressar a completa verdade contida em minha alma, cardeal Hugolino, eu o farei. Jesus, o Mestre Indefectível, não caminhou com escoltas armadas para defendê-Lo das vicissitudes,

---

[199] Larrañaga, Ignácio. *Opus cit.* Cap. "Noite Escura do Espírito", p. 253.
[200] *Idem.* Cap. "Encontro com Hugolino", p. 259, § 5º.

jamais se valeu das armas e dos escudos deste mundo. Jesus Cristo, ao contrário, renunciou às prerrogativas superiores na qualidade de espírito puro, abdicou de sua condição de Maior Filho de Deus sobre a terra para caminhar entre nós como simples mortal.

Algo consumido, num suspiro profundo, continuou:

– Recordemos a recomendação do Cristo Jesus, cardeal Hugolino: "Tendes ouvido que foi dito: olho por olho e dente por dente. Eu, porém, vos digo: não resistais ao mal; mas a qualquer que te bater na face direita, volta-lhe também a outra; ao que demandar contigo e tirar-te a túnica, larga-lhe também a capa; e quem te obrigar a caminhar mil passos, vai com ele dois mil. Dá a quem te pede e não voltes as costas ao que deseja que lhe emprestes."[201] O que recear, então?

O cardeal distinguia-se por levar uma vida austera. Era um homem muito ponderado e visionário; sua maior alegria era conviver com os monges, cujos interesses sobrelevava aos seus próprios. Tomado de muita ternura, argumentou:

– Tenho visto muita coisa, meu filho, o tempo é mestre! A própria santa Sé possui em seus arquivos incontáveis documentos de acontecimentos através dos séculos. Há numerosos dados de movimentos e ordens que se levantaram, uns instaurando reformas, outros gritando por mudanças, outros propondo emendas e todos terminaram em cinzas. Receio muito que isso venha a acontecer com a fraternidade.

A tristeza estampou a face de Francisco, que subitamente perdeu a vontade de prosseguir, de lutar. Não tinha mais palavras... Entretanto, num alento inesperado, como se aurisse forças do invisível, conseguiu pronunciar em tom forte:

– Todas as coisas têm casca e miolo, tudo possui verso e reverso, senhor cardeal. Conheço a linguagem dos intelectuais da ordem; um exército compacto, dizem, bem preparado e bem disciplinado, a serviço da igreja. Blasonam que a vida tem um ritmo – chamado progresso, evolução –, e que o programa de Rivotorto não serve para a realidade atual. Falam de organização poderosa, de disciplina férrea... Senhor cardeal, disse baixando a voz, essa é a linguagem dos quartéis: poder! Conquista! Mas as minhas palavras são outras: manjedoura e Calvário![202]

---

[201] Mateus 5,38-42.
[202] Larrañaga, Ignácio. *Opus cit.* Cap. "Encontro com Hugolino", p. 263, § 3º.

E como o cardeal cabisbaixo nada dizia, ele continuou:

– A realidade patenteia algo insofismável, cardeal: ninguém quer ser pequenino, humilde, simples, nem nos tronos do mundo, nem nas igrejas! Todos correm aterrorizados da crucificação pelas renúncias, pelo abandono das coisas materiais, fogem apavorados diante dos sofrimentos e da simplicidade, que a todos nivela no mundo! Os ministros são cascas, apenas cascas, cheios de palavras melífluas e cativantes, mas apenas crianças amedrontadas da grande e verdadeira crucificação em espírito!

"Nós dizemos que Deus é o poder supremo, mas somos nós que desejamos estar por cima e fazemos qualquer coisa para conquistar tais posições. Dizem que precisamos do preparo intelectual para chegar a Deus, para distinguir as verdades do espírito, mas a intelectualidade tem servido para as criaturas se exalçarem querendo ser mais do que Deus, desejando que as suas doutrinas, ordens, concepções sejam as maiores e mais glorificadas pelo mundo.

"Finalmente, cardeal Hugolino, a mais tocante e triste verdade é esta: a maioria quer parecer pequeno, ocultando atitudes de arrogância e falsa grandeza espiritual! Ninguém quer ser pequenino, humilde, miserável, fraco e desconhecido! Todos louvam o Calvário e a manjedoura, mas se envergonham deles e deles fogem terrificados. Há milhares que são excelentes na teologia da cruz, mas o Alto não nos chama aos grandes discursos, mas à vivência pura dos preceitos do Evangelho."

Ao resgatarmos das laudas antiguíssimas a conversação de Francisco de Assis com o cardeal Hugolino, ocorreu-nos uma expressão bastante semelhante à postura de Francisco naquele momento, grafada pelo punho de um notório escritor e teólogo russo: "O mundo, tal como é, e o Evangelho não podem coexistir. Ou um ou outro. O mundo tem que deixar de ser como é ou o Evangelho deverá desaparecer do mundo. O mundo absorveu-o como um homem sadio toma um veneno ou como um homem doente toma um remédio: lutando contra ele para assimilá-lo ou vomitá-lo de vez. Esse combate dura há vinte séculos e, durante os últimos, a luta se tornou tão áspera que até um cego vê que o mundo e o Evangelho não podem coexistir: é o fim de um ou é o fim de outro."[203]

---

[203] Merejkovski, Dmitri. *Opus cit.* Cap. III, ít. 5, p. 11, § 3º e 4º.

Hugolino permaneceu calado e pensativo, respeitou o arroubo da alma sufocada sem nada dizer, reservando para si próprio muito material para meditação. Vencido, não, porém, convencido! Ambos, semelhantes na obstinação. Francisco resistiu!

Aqueles momentos na vida de Francisco de Assis foram muito difíceis, uma verdadeira noite escura para o espírito, que muitas vezes o levariam à irritação e à impaciência, traços jamais vistos em seu comportamento anteriormente. Contudo, ele soube buscar, em Deus e em Jesus, a coragem e a fortaleza para continuar sua caminhada.

No capítulo da regra de 1219, como sempre celebrado na Porciúncula, em assembleia geral, Francisco enfrentou a presença dos opositores aos seus santos e humildes princípios. A tal ponto se estabeleceu a desordem que os contraditores construíram um particular edifício – para eles próprios – contíguo à ermida de Santa Maria dos Anjos.

Os intelectuais, vendo a resistência do Irmão, buscaram o apoio do cardeal Hugolino e com discurso tocante expuseram ao cardeal:

– Senhor cardeal, hoje somos órfãos, sem lar, nem pátria! Atualmente a fraternidade, com os milhares de aderentes, e só há uma solução: armar uma rígida estrutura, aproveitando as experiências comprovadas dos beneditinos, cirtercienses e dos agostinianos, e dar guarita a todos os irmãos! Não estamos dispostos a aceitar as diretrizes precárias de Francisco. Vamos fazer rígida oposição e contamos com o cardeal em nosso auxílio para que alguns dos nossos peritos sejam os novos assessores para dar contorno apropriado aos princípios simplórios da norma de vida dos frades.[204]

Hugolino mais uma vez procurou o Irmão para um entendimento. Entretanto, com o mesmo ânimo dos intelectuais, Francisco novamente rebateu:

– A norma de vida da fraternidade foi o Senhor Deus quem me recomendou, portanto, nada está ou estará acima do que Deus determinou, nem as regras de são Bento, nem de santo Agostinho, nem de são Bernardo ou qualquer outra norma de vida. Não podeis criar oposição à resolução do Senhor! Se ele autorizou-me a ser um louco, nada podeis fazer! Nem a vossa ciência, nem a vossa sabedoria, nem o vosso preparo isso poderá mudar!

---

[204] Larrañaga, Ignácio. *Opus cit.* Cap. "Mais Um Louco Neste Mundo", p. 267, § 4°.

Tomado de um alento extraordinário, Francisco discorria com eloquência, aos olhos atônitos de Hugolino. Sua voz ganhou um timbre potente e incombatível, o próprio cardeal estava boquiaberto. Finalmente, por ora, a ofensiva dos intelectuais havia fracassado e nem a intervenção do cardeal os ajudou.

Outros assuntos foram tratados no capítulo da regra de 1219 e, um deles, foi a deliberação pela continuidade das excursões evangélicas, inclusive, às terras estrangeiras e estas tiveram prioridade.

Francisco jamais sorveu lutas espirituais tão atrozes quanto nesse período: a sua simplicidade afrontada pelo poder; a sua mansuedade desafiada pela astúcia; a sua fé testada pelas vilezas humanas; suas construções em Cristo ameaçadas por um furacão invisível; terremotos, tempestades, infernos... O Pobrezinho deliberou afastar-se, e a viagem para o Oriente nesse momento tão delicado elevou-se a um esforço sobre-humano.

> Não só foi fuga. Foi também a atitude mais coerente com o contexto de sua vida e convicções. Francisco não nasceu dialético (natural nas almas arguciosas), nesse terreno sentia-se desarmado. (...) Vislumbrou a terrível iniquidade da racionalização, que manipula as palavras e teorias com destreza, e o faz com frivolidade e sem se ruborizar; palavras a serviço de interesses. Prostituição da palavra! Sofisma![205]

---

[205] Larrañaga, Ignácio. *Opus cit.* Cap. "Por que se ausentou", p. 270.

Terremotos sinistros sacudiram minha alma...

Tempestates noturnas ululuram em derredor...

Infernos de dores rasgaram minha vida...

Ondas sobre ondas – de infinita amargura...

Todos os cirineus desertaram ante as sombras sangrentas da cruz...

Todas as Verônicas negaram-me o sudário de humana caridade...

Nenhum samaritano pensou minhas chagas ardendo em fogo febril...

Sobre o fétido monturo de imensa tristeza gemia o solitário Jó de minh'alma...

Chamava a morte – e morte não vinha...

Pedia aos túmulos piedade – e os túmulos não abriam suas fauces...

Voltei as pupilas semiextintas às alturas do céu...

Um céu sem estrelas...

Senhor! – clamava minh'alma em angústias mortais – porque te calas Senhor?

O teu silêncio me mata...

Dize uma palavra, Senhor, uma palavra ao menos!...

Mais cruel que a mais crua palavra é esse crudelíssimo silêncio!... (...)

Sofrerei em silêncio...

Beberei a dor sem alívio...

O veneno mortal do sofrimento a sós...

O abandono dos homens...(...)

Até que meus lábios digam: "Está consumado"...[206]

---

[206] Rohden, Huberto. *De alma para alma.* Cap. "Tempestades Noturnas", pp, 189, 190.

16 – Longa Ausência

> O céu e a terra passarão, mas minhas palavras não passarão.
>
> Jesus (Lucas 21,32)

> Todas as palavras humanas parecem de argila friável ao lado dessas (do Evangelho) que têm a dureza e a limpidez do diamante. O mundo move-se sobre elas como sobre eixos indestrutíveis.[207]

Ante as pressões e descontentamentos enfrentados, o Pobrezinho, em pessoa, decidiu atravessar as fronteiras de seu país e levar o Evangelho às terras estrangeiras. Para tanto, convocou frei Mateus de Narni, homem de grande bondade e carisma, encarregando-o de receber, em seu nome, àqueles que chegassem à Porciúncula. Ao mesmo tempo, rogou a frei Gregório de Nápoles, alma bastante sábia, que fosse de província em província dando notícias de sua ausência e atendendo a todos em eventuais necessidades.

Não fazia muito tempo Francisco havia encaminhado pequena expedição liderada por frei Pacífico para a França, cabendo ao Rei dos Versos a fundação da fraternidade naquelas terras. Nada foi fácil. Em

---

[207] Merejkovsky, Dimitry. *Opus cit.* Cap. II: "O Evangelho Desconhecido", it. IX, pp. 42, 3º§.

153

154 | Helaine Coutinho Sabbadini

todos os países os frades eram nomeados de loucos e despreparados, sofriam perseguições e apupos por parte e severas críticas dos clérigos cientificistas. Entretanto, jamais desanimaram.

Destarte, em curto tempo, o Irmão elegera treze companheiros e, numa manhã de junho, embarcaram num navio de cruzados que ia de Ancona para o Egito, passando por Chipre e São João d'Acre, a fim de estar em meio ao exército dos cristãos em tarefa de paz e evangelização.

Conforme aconteceu na primeira tentativa de evangelizar nas terras dos mouros, novamente o Irmão testificou um tremendo relaxamento de costumes por parte dos ditos cristãos. Vícios do comportamento, devassidões, indignidades reinavam entre eles; as sublimes virtudes e recomendações de Jesus Cristo promanavam de seus lábios, mas não de seus corações.

Francisco e os companheiros testemunharam a grande antítese do Evangelho justamente no meio dos cristãos; a abissal distância dos bens mais preciosos legados pelo Cristo. Era uma guerra insana composta de elementos inteiramente desassociados do cristianismo puro. Contudo, o embaixador humilde, que se apresentava em terras distantes em nome da paz, assistindo ao império da ignorância de Deus, rogou aos cardeais legados a licença para pregar, o que lhe foi concedido.

Desse modo, Francisco permaneceu por dezoito meses[208] no Oriente, difundindo os valiosos bens evangélicos, tendo assistido, inclusive, ao cerco de Damieta. Em São João d'Acre, muitos clérigos, tocados por suas palavras e exemplos, entraram para a fraternidade dos irmãos pobres.

O grupo de frades empenhou-se arduamente para chegar à presença do sultão do Islam, Melek-el-Kamil, que os recebeu amigavelmente, tendo os escutado com muita benevolência, mas jamais mostrou qualquer intenção de se converter.[209]

Francisco, assomado de profunda reverência, compareceu aos locais de sagradas lembranças do Cristo, na chamada Terra Santa; visitou cada especial local das doces pregações do Mestre, também os locais do martírio e da crucificação. Aqueles momentos de valiosas recordações das incompreensões e tormentos sofridos por Jesus Cris-

---

[208] Larrañaga, Ignácio. *Opus cit.* Cap. "A Revolução dos Vigários", p. 271.
[209] Hauser, Walter. *Opus cit.* Cap. 25: "A Viagem ao Oriente", p. 167.

to fortificaram, de forma colossal, a alma de Francisco. Fora como se o Mestre em pessoa estivesse com ele novamente. Submerso em orações e lágrimas, vivia novamente a atmosfera do Cristo, sentindo-se muito confortado.

Embora diversos cronistas imputem a viagem do Irmão ao Oriente como um subterfúgio para partir da Úmbria, por conta da tristeza imensa que lhe ensombrara a alma, fruto das tantas incompreensões advindas do crescimento súbito da fraternidade, asseguramo-nos – pela abrangência espírita – que Jesus Cristo, de quem Francisco recebia amparo direto, retirou-o da Itália para que, em espírito, resgatasse as grandes dificuldades e martírios enfrentados por Ele próprio.

O pobre itinerante, todavia, desconhecia que tão logo o navio que o conduziu a Ancona zarpou, os ministros e intelectuais unidos à ordem começariam a tomar atitudes. As posições contrárias aos preceitos de vida dos frades menores, que consideravam simplórias – até então verbais – transformaram-se em ações bem depressa, ante a longa ausência do fundador.

Portentosa edificação foi levantada para a erudição dos frades e propagação dos novos princípios da ordem. O provincial da Lombardia, Pedro Staccia, mandou erguer em Bolonha, um centro intelectual, um pomposo edifício, um *Collegium* medieval para os seminaristas digno dos grandes educandários do saber que lá existiam. Frei Staccia tomou para si próprio o título de doutor. O *Studium* em suas formas arquitetônicas em nada se assemelhava às pobres ermidas e choupanas dos irmãos mendicantes; maiores rigores se estabeleceram a ponto de árduos castigos físicos serem impostos aos recalcitrantes: prisões e expulsões da fraternidade.[210]

Os ministros de grande intelecto conseguiram, de igual modo, junto a Honório III, bulas da santa Sé, cartas de recomendação que os dotavam de certos privilégios ante os bispos pelo mundo. Em suma; com o desconhecimento do fundador humilde, a fisionomia da ordem havia sido alterada dramaticamente.

Muitos tiveram a venal postura de propagar a morte de Francisco nas terras do Oriente, notícia que deixou as comunidades, nas várias províncias, em polvorosa e em iminente desordem.

---

[210] Hauser, Walter. *Opus cit.* Cap. 26: "A Luta pela Pobreza", p. 173.

Os companheiros da primeira hora, demasiadamente aflitos com os acontecimentos, nomearam frei Estevão para averiguar se realmente Francisco havia perecido nas terras dos sarracenos. Tudo foi preparado e o frei partiu. Depois de longa viagem, frei Estevão localizou o paizinho Francisco em São João d'Acre.

O Irmão havia contraído uma doença nos olhos naqueles períodos de andanças pelas terras dos mouros, assim sendo, mal caminhava sozinho. Auxiliado por quatro irmãos que o conduziam, retornou às terras da Úmbria, primeiro chegando a Veneza.

Com grande pesar, identificou em Bolonha a grandiosa escola, que maior ainda se tornava diante das paupérrimas edificações em que Francisco militara, desde a primeira hora. O Irmãozinho, chegando-se a Pedro Staccia, perguntou-lhe bastante acabrunhado:

– Irmão Staccia, como ousas dar feição tão diversa à ordem daquela que Jesus Cristo, em pessoa, me apresentou? O que adianta formar grandes teólogos da cruz que não se atrevem a viver a cruz do Cristo? Tenho visto em minha caminhada em nome de Deus magníficos discursadores da cruz, grandes intérpretes do Evangelho, subidos intelectuais da Boa Nova, mas nenhum deles com a suficiente bravura de caminhar após os passos de Jesus ou de viver-Lhe os martírios e as renúncias, em nome do amor ao próximo. Incontáveis têm se crucificado de boamente à ostentação, enquanto fogem das renúncias e dos martírios do Crucificado. São esses tais cristãos?

Num arroubo da emoção, Francisco ignorou a escola de Bolonha e convidou a todos, ali inscritos, que abandonassem o edifício. O alamiré divino na alma do Pobrezinho estava fora de sintonia, ele estava perplexo e aturdido, vivia ainda o período das grandes perplexidades, das enormes lutas do espírito.

Rapidamente correu a notícia de que o Pobrezinho estava vivo e muitos se alegraram. Mais rápido ainda Francisco põe mãos à obra para minimizar os efeitos de sua prolongada ausência.

Naqueles períodos tumultuosos, Francisco sonhou com uma galinha, pequena e preta, parecida mais com uma pomba com penas nas pernas e nos pés. Os inúmeros pintainhos a rodeavam sem conseguirem se abrigar sob as asas da ave. Como de costume, ele ofereceu a sua peculiar interpretação:

> [...] a galinha sou eu, moreno, sem beleza e baixinho. Devo procurar ter a simplicidade da pomba pela inocência da vida, que é rara neste mundo, e voa mais facilmente para o céu. Os pintainhos são os inúmeros frades, aos quais não bastam minhas pobres forças para defender da maldade e da incúria dos homens, da oposição das más línguas. Mas Deus não há de permitir que se perca o bom perfume de nossas vidas por uma hora sequer.[211]

Assomado do desejo de proteger seus filhos amados, os simples de coração aos quais formou com seus exemplos, decidiu solicitar a proteção de um prelado maior contra as investidas destrutivas. Desse modo, recorreu novamente ao papa. O Desbravador de Jesus, que já era bastante conhecido por sua vida devocional, partiu para Roma e foi recebido pelo então papa Honório III e por todos os cardeais. A cúria desejava ver refulgir, através da presença do pobre frade, tudo o que já conhecia de fama. Desse modo, Francisco, tomado de arrebatadora inspiração, pregou o Evangelho para o papa e para os cardeais. Sua preleção fervorosa dirigida pelas altas esferas espirituais comoveu desmedidamente as eminências, que lavaram suas almas em lágrimas. Em seguida às fraternais conversações Francisco, dirigiu um pedido ao papa:

– Senhor, como sabeis, não é fácil o acesso dos pobres e dos desprezados à vossa tão sublime majestade, pois tendes o mundo em vossas mãos e os negócios importantíssimos não permitem que cuideis das coisas de importância mínima. Por isso, senhor, solicito humildemente que vossa santidade conceda-nos como papa o senhor de Óstia, para que, sempre, salva a dignidade de vossa preeminência, os frades possam recorrer a ele quando precisarem, conseguindo tanto o benéfico amparo, como a espiritual orientação. O irmão Hugolino despe-se da púrpura para vestir nosso burel humilde, estando sempre próximo às necessidades e dificuldades da fraternidade, o que tem feito com grande amor e piedade.[212]

Visivelmente sensibilizado, o papa Honório III assentou, então, o bispo de Óstia, Hugolino di Anagni, à cabeceira da ordem como

---

[211] Celano, Tommaso, Segunda Vida de São Francisco, cap. XVI, item 23
[212] Celano, Tommaso di, Segunda Vida de São Francisco, cap. XVII, item 25

representante da santa Sé. Realizou-se o grande anelo de Francisco, como primeiro passo para retomar o controle do movimento da confraria amada.

O cardeal Hugolino, futuro papa Gregório IX, malgrado as suas ações futuras: a organização da inquisição pontifícia com o objectivo de reprimir as heresias e a promulgação da bula *"Licet ad capiendos"*, em 20 de abril de 1233, dirigida aos dominicanos, que passaram a liderar o trabalho de investigação, julgamento, condenação e absolvição dos hereges, sempre foi um especial amigo do Pobrezinho. Dedicar-se-ia aos frades pobres até sua morte, qual protetor diligente.

Conforme prometera Jesus, muitos seriam os que, com Francisco, voltariam à experiência terrena para resgatar e sustentar – com exemplos de verdadeira humildade e fraternais enlaços – a essência viva do Cristo.

Hugolino, embora trazendo particulares diferenças com Francisco no que concernia aos princípios da congregação pobre, manteve genuína amizade com o *Fratello di Dio*. Manteve-se protetor da fraternidade dos irmãos mendicantes, maiormente na condição de sumo pontífice, com o nome de Gregório IX. Nessa qualidade, em menos de dois anos canonizaria o eterno esposo da dama Pobreza, tendo também solicitado ao frei Tommaso di Celano que escrevesse sobre a vida, obras e milagres de são Francisco de Assis.

Se o papa Gregório IX intimamente lutava contra os seus demônios, tendo perpetrado lamentáveis enganos, dobrou-se incontestavelmente à bondade, simplicidade e elevação espiritual do Irmãozinho de Assis.

17 – Frei Antônio de Pádua

> Bem aventurados os vossos olhos, porque viram, e vossos ouvidos, porque ouviram.
>
> Jesus (Mateus 13,16)

> Se Antônio não nascera para o Sol, tivera a sepultura onde teve o nascimento; mas Deus o criou para a luz do mundo, nascer numa parte e sepultar-se em outra é obrigação do Sol.
>
> Antônio Vieira[213]

Faz-se imprescindível ressalvar que nem todas as disposições tomadas pelos ministros e intelectuais, na ausência de Francisco, foram necessariamente prejudiciais à ordem. Através de um decreto do papa Honório, havia se estabelecido a necessidade de pelo menos um ano de noviciado para que um frade fosse realmente aceito na fraternidade dos frades menores, evitando adesões inconvenientes que trouxessem ainda mais desinteligências entre eles. Tampouco poderia um clérigo sair de uma ordem religiosa e passar a outra sem a licença escrita do superior.

---
[213] *Sermão de Santo Antônio.* Cap. I, § 1º, p. 60, Lello & Irmão Editores, Porto, Portugal, 1959.

Francisco, compreendendo a eficácia de tais normas, aceitou-as de boa mente, mas sentiu como nunca a vontade de se afastar para as altas montanhas para permanecer a sós com Deus. Estava doente e cansado e as grandes pressões para que se estabelecessem seminários para os ingressantes na comunidade ainda existiam.

Na reunião do ano 1221, para novo capítulo da regra na Porciúncula, encontrava-se entre os numerosos irmãos um frade muito humilde de Portugal que se dedicava aos serviços simples num pequeno convento chamado São Paulo, numa montanha perto de Forli. Frei Antônio de Lisboa era o seu nome e, pelas graças do provincial da Lombardia, frei Graciano, havia ingressado junto aos frades menores. Passaria à posteridade com o nome de frei ou santo Antônio de Pádua, contudo, somente depois de sua morte, por conta da cidade italiana de Padova ou Pádua, onde viveu nos últimos tempos de sua vida e onde foi sepultado.

Tempos depois, por ocasião de outro evento, alguns frades do mosteiro de São Paulo haviam sido convidados por Francisco para uma refeição; frei Antônio de Lisboa estava entre eles. O modesto frade, na ocasião, foi apresentado como cozinheiro do convento São Paulo, entretanto, logo o Irmão notou-lhe a grande humildade nas poucas palavras.

Resgatamos uma referência de Antônio Vieira acerca de dito português que muito bem define frei Antônio: "Nem tudo o que luz é ouro, melhor seria se disséssemos; nem tudo o que é ouro luz."[214] A grande verdade é que mais temos visto os fulgores das falsas gemas, no império da vaidade humana – radiantes à distância e opacas quando próximas –, do que as legítimas jóias espirituais, justamente porque elas se apagam em extrema humildade nos serviços com Jesus Cristo. Não foi por outra razão que João, o Batista, afirmou: "é necessário que ele cresça e que eu diminua".[215] Quando seremos nós, por nossa vez, assim tão grandes e luminosos, em nossa opacidade e pequenez?

No momento da exortação, como ninguém se apresentou, frei Antônio foi designado para fazê-la. Indubitavelmente quem o convidava a manifestar-se, naquele momento, era a espiritualidade superior, de

---

[214] *Idem*. It. VIII, p. 116.
[215] João 3,30.

modo que seus dons sublimes fossem conhecidos por todos, em prol do trabalho na seara do Mestre. Modestamente, ergueu de leve a fronte para o alto, como a buscar inspiração em Deus, e tomou a palavra:

– Irmãos, a paz seja conosco! Recorremos nesta hora ao exímio divulgador do Evangelho, Paulo de Tarso, quando escreveu à comunidade de Corinto: "Sabemos que todos temos conhecimento. O conhecimento traz orgulho, mas o amor edifica. Quem pensa conhecer alguma coisa, ainda não conhece como deveria. Mas quem ama a Deus, este é conhecido por Deus."[216] Vivemos um momento em que a necessidade de vivenciar o Cristo em simplicidade profícua grita dentro de nós! O Evangelho tem sido abstraído em suas mensagens por ilustres doutores e intérpretes da letra, qual acontecia à época de Jesus com os fariseus interpretando as sagradas escrituras, no entanto, quando convidados a vivenciá-las, acobardam-se temerosos dos grandes sacrifícios, esquecendo-se de que a experiência é o espírito das mesmas letras magnificamente decodificadas! Abstrair pelo intelecto é completamente diferente de compreender em profundidade espiritual, pois quem compreende pelas vias do espírito genuinamente vive o Cristo!

Frei Antônio, transbordando de um fulgor divino, exortava com palavras de fogo crístico, que clareavam e tangiam profundamente a sensibilidade dos presentes. Num hausto profundo, continuou;

– Ó Senhor, sê luz em nossos olhos para que não nos percamos nas vias da presunção pelo saber! Afasta de nós, Cristo Jesus, o orgulho que dilacera as florações novas das virtudes! Ó Mestre Eterno das verdades incorruptíveis, ajuda-nos a identificar que o cérebro cheio de conhecimento, a vivacidade do intelecto e a eloquência do verbo inflamado em Teu Evangelho podem ser absolutamente vazios! Esflorar a Tua Mensagem, como destacados exegetas, não nos garantirá adesão aos planos mais altos do espírito. Dessa forma, Senhor, acorrenta-nos nas sendas dos serviços mais rudes e humildes, nos caminhos dos grandes sacrifícios para que jamais nos percamos de Ti pela sabedoria do mundo! Porque Tu nos enviaste para evangelizar, não em sabedoria de palavras, para que a Tua Cruz não se faça vã![217]

---

[216] Paulo, I Coríntios 8,1-3.
[217] *Idem.* 1,17

162 | Helaine Coutinho Sabbadini

Francisco estava visivelmente tocado. O irmão Antônio havia expressado admiravelmente com palavras tudo o que ele sentia na alma a respeito da "ciência que incha e do amor que edifica". Sim! Era exatamente aquele o seu próprio pensamento e com que beleza frei Antônio discorrera sobre a ciência divina! Todos os presentes estavam emocionados ao constatar que o frade de poucas palavras e simples cozinheiro detinha tanta clarividência espiritual e expressiva cultura.

Não demoraria muito e frei Antônio não mais permaneceria na cozinha do convento de São Paulo, mas nos púlpitos de todo país e exterior, onde era conclamado de "o martelo dos ímpios".

O Pobrezinho passaria a amar frei Antônio com especial dedicação e o apontava como o "teólogo pelo coração". Certa vez escreveu-lhe:

> A frei Antônio, meu especial prelado! Minha alma alegra-se que expliques a todos os irmãos a abençoada ciência da teologia de tal modo que, como prescreve a regra, não deixem apagar, pelo estudo e pelo conhecimento, o espírito da caridade, da humildade e da oração.[218]

Frei Antônio recebeu na pia batismal o nome de Fernando Martins de Bulhões e era oriundo de nobre família portuguesa, destacando-se por ser profundamente culto e estudioso do Velho e do Novo Testamento. Nasceu em Lisboa e pertencia à ordem agostiniana. Entretanto, no ano 1217, se encontrava no mosteiro de Santa Cruz de Coimbra, aperfeiçoando sua formação, quando teve as primeiras notícias dos franciscanos missionários que haviam sido trucidados em missão no Marrocos. Tremendo arrebatamento espiritual invadiu sua alma quando viu os corpos dos mesmos missionários, mortos no Oriente, chegando a Coimbra.

Soube, de igual modo, pormenores da norma de vida extremamente humilde e abnegada da congregação nascida no seio da Ùmbria, o que o encantou imediatamente.

Rogou autorização para juntar-se aos irmãos pobres no eremitério dos Olivais, no mosteiro de Santo Antônio do Deserto, quando – como frade menor – modificou o seu nome de nascimento, Fernan-

---

[218] Hauser, Walter. *Opus cit.* Cap. 27: "Crescimento da Ordem", p. 179.

do, para Antônio, iniciando sua caminhada evangélica como seguidor do humilde *Fratello* de Assis.

Com frei Antônio acontecia o mesmo que com Francisco de Assis: o Cristo Crucificado exercia sobre ele enorme fascínio; nada na terra poderia ter maior valor do que a imitação das dores do Cristo Jesus. Por dedicada pesquisa e estudo, verificamos que ao tempo de Francisco espíritos de grande elevação estiveram na terra com ele. Um deles, indubitavelmente, foi frei Antônio.

> Certa feita, junto a incrédulos, vaidosos e soberbos que faziam pouco caso de sua doutrina e fugiam até de ouvi-lo, foi-se diante da ribeira do mar e chamou em voz alta os peixes: "Peixes, vinde ouvir a palavra do Evangelho, já que os homens lhe negam os ouvidos". (...) Começou a ferver toda ribeira, e os peixes em cardumes, cada qual segundo a sua espécie a nadar diretamente para onde lhes chamava a voz. Os menores se puseram ordenadamente junto à praia; os maiores mais afastados um pouco e os grandes que demandavam maior profundidade, por último. Todos com as cabeças fora da água (...) Antônio a lhes pregar os benefícios divinos que, sem o entenderem, haviam recebido do Criador.[219]

Evento similar aos acontecidos na vida de Francisco de Assis com os animais.

Frei Antônio de Lisboa, igualmente tentou ir para o Oriente, em pregação evangélica, mas sua viagem foi frustrada. No ano de 1221, já aderido à Ordem dos Frades Menores, estava presente na Porciúncula para nova assembleia geral. Depois que Francisco soube de seus grandes valores, principalmente como orador abrasado em Cristo, convocou-o a pregar na França, estando Antônio também posteriormente em Bolonha para, em seguida, instalar-se em Pádua.

O frade português teve uma existência de severas disciplinas físicas e rigores espirituais, jamais temeu a doença e as dificuldades, representou com sua própria vida o mais lídimo exemplo do ideal

---

[219] Vieira, Antônio. *Opus cit.* It. VII, p. 135, Lello & Irmão Editores.

franciscano, era extremamente humilde, embora muitíssimo erudito e muito amado por todos. Ademais, a sua grande elevação e condição espiritual e a mediunidade sublime, destacando-se a bicorporeidade, fê-lo bastante admirado em toda parte.

Certa feita, frei Antônio estava ministrando um ofício na cidade italiana de Pádua, quando repentinamente deteve-se inteiramente entorpecido. Antônio entrou num arrebatamento espiritual e, através da bicorporeidade, apareceu em Portugal, num tribunal de Lisboa, onde seu pai estava sendo acusado injustamente por crime de homicídio. O frade, que sempre foi distinguido por sua prodigiosa eloquência, atuou em defesa do pai, conseguindo comprovar sua inocência e obtendo sua absolvição. Antônio Vieira assim descreve o episódio:

> S. Antônio foi a Lisboa para livrar seu pai condenado falsamente por homicídio, arrostado ao suplício e às grades condenatórias, e em presença de todo povo e dos ministros de justiça ressuscitou o mesmo morto: e este declarou a verdade, e depôs juridicamente que aquele não era o homem que (tentara) lhe matar.[220]

Em consequência da austeridade de sua existência, veio a morrer muito jovem, antes dos quarenta anos de idade, na cidade de Pádua, Itália, contudo, foi imortalizado por seus atos de legítima generosidade com o nome de santo Antônio de Pádua, pois na cidade dedicou os seus mais ardorosos empenhos em prol do Evangelho. Em Pádua foi sepultado, embora continue vivamente presente em todo mundo por seus inacabáveis carismas.

A oratória de frei Antônio possuía o puro ardor espiritual e o idealismo da fraternidade franciscana: exortação à extrema simplicidade, humildade e amor ao semelhante, que representavam a mais viva e sagrada aspiração do fundador da ordem, Francisco de Assis, que por isso mesmo o amava enormemente.

Regressamos aos momentos dos grandes embates psicológicos, desgastes físicos e espirituais no ano de 1220, quando o *Fratello* Francisco decidiu renunciar à direção da ordem, passando-a para um

---

[220] Vieira, Antônio. *Sermão de Santo Antônio*. P. 101, it. VI.

de seus filhos queridos, aquele que estava com ele desde os primeiros momentos: Pedro Cattani. Quando de sua ausência no Oriente, já havia confiado a liderança aos freis Mateus de Narni e Gregório de Nápoles, que assumiram posições distintas – um com estadia permanente na capela da Porciúncula, admitindo os noviços, e o outro em visitações às fraternidades, atendendo a quaisquer questões em nome do fundador.[221] O seu coração dizia que frei Pedro trazia todas as qualidades para assumir a direção da fraternidade naquele período delicado, cujos horizontes se encontravam extremamente obscuros. Narram os cronistas que o Irmão reuniu os seus frades e informou:

– Irmãos, de agora em diante, estou morto para vocês; aqui está frei Pedro Cattani, a quem todos, vocês e eu, devemos obedecer![222]

Mostrava com aquela atitude a brevidade de tudo nas paisagens terrenas e, antecipando o momento futuro, quando não mais estaria ali em presença física, ajoelhou-se reverentemente aos pés de frei Pedro e lhe assegurou acatamento eterno. Os frades se emocionaram até as lágrimas com a submissão sincera do Irmão.

Não decorreu muito tempo da nomeação de Pedro Cattani e ele faleceu, sendo enterrado perto da Porciúncula. Tomou o seu lugar na ordem frei Elias de Cortona, provincial na Síria. Muito embora o frei tivesse grande admiração pelo Pobrezinho, o tempo desvendaria colossais dessemelhanças entre ambos, principalmente no modo de conduzir a fraternidade.

Francisco, com a anuência de Hugolino, nomeou frei Elias como ministro-geral da fraternidade, em lugar de Pedro Cattani. Esperavam que sua habilidade e vontade férrea restabelecessem a paz nas províncias. Nada obstante, Elias era bem mais político do que Francisco pudesse supor e o Irmão não conseguiu devassar a verdadeira face e alma do intelectual, saído da Universidade de Bolonha. Frei Elias preocupar-se-ia muito mais em fazer crescer a reputação da ordem no mundo do que primar, junto aos frades, pelos princípios da humildade e da pobreza.

Tristemente frei Elias de Cortona, treze anos depois da morte de Francisco, seria afastado do cargo de ministro-geral da Ordem dos

---

[221] Larrañaga, Ignácio. *Opus cit.* Cap. "Mais um Louco Neste Mundo", p. 269.
[222] *Idem.* Cap. "Renúncia do Cargo", p. 280, § 3º.

166 | HELAINE COUTINHO SABBADINI

Frades Menores. Igualmente envolver-se-ia em questões políticas delicadas entre o papado e o imperador Frederico II, tomando o lado do nobre – pelas características de sua personalidade presunçosa e articuladora, fato que o levaria em futuro a uma expulsão da igreja.

Logo depois da nomeação de frei Elias, Francisco decidiu afastar-se para o vale de Rieti, levando consigo irmão Leão e irmão Bonizzo, um assisado jurista. Tinha a intenção de firmar os princípios de vida fundamentais aos membros da confraria humílima, para tanto buscou a solidão em Deus.

Chegando à planície de Rieti, Francisco sentiu imenso júbilo espiritual, começando em seguida a galgar a encosta do lado direito para chegar ao monte Rainério (atualmente chamado Fonte Colombo) e, atingindo o platô, saudaram a piedosa dama Columba que lá residia e sempre lhes proporcionara generoso acolhimento e provisões. O coração de irmã Columba estava sempre de portas abertas, como um templo do Senhor amava Francisco e os irmãos com intensidade.[223]

O lugar era encantador, repleto de faias, belas azinheiras, freixos perfumados, abetos gigantescos, frondosos carvalhos e um eterno chilrear de pássaros, como harmonia celestial, que emprestava ainda maior graça ao local. Depois de estarem com a bondosa senhora, seguiram por um caminho que findava num rigoroso e ameaçador declive. Numa gruta natural se abrigaram, tendo como cenário, do lado direito, uma queda d'água fragorosa, e, à frente e distante, o monte Terminillo com seus picos nevados avançando esplendorosamente para o céu. Que espetáculo aos olhos! Que musicalidade divina à alma! Nesse local, Francisco recolheu-se para escrever a regra definitiva de sua congregação querida.

Depois de dois meses, estava de retorno à Porciúncula, entregando a regra a frei Elias de Cortona. Obedecendo humildemente, o comando do ministro-geral afastou-se para um *carceri* no monte Subásio. Entretanto, mais tarde, frei Elias informar-lhe-ia do extravio do manuscrito. Francisco começaria a verificar que o ministro, dissimuladamente, manipulava a direção de todas as coisas ao seu prazer e vaidade.[224]

---

[223] *Idem.* Cap. "Agonia de Fonte Colombo", p. 287, § 3º e 4º.
[224] *Idem.* Cap. "Regra Extraviada", p. 289.

Abrem-se as feridas mal cicatrizadas e a tristeza invade novamente a alma de Francisco, percebendo a conduta daquele em quem depositara toda sua confiança. Enfurnou-se no bosque tomado de profundo e inconsolável pesar. Mansamente veio-lhe a imagem de Clara, refrescando-lhe a alma atormentada qual sereno suave e doce.

Havia meses que o Irmão não visitava as damas Pobres. Evitava expor o coração ferido e torturado pelas grandes pelejas. No entanto, nada ficava sem o conhecimento de Clara, que orava diuturnamente pelo retorno da paz à alma amada. A magnífica clarividência espiritual da dama possibilitava-lhe divisar os acontecimentos à distância. Assim, antes mesmo do Pobrezinho procurá-la, ela própria chamou a frei Leão e marcou um encontro com irmão Francisco.[225]

Ao receber o convite, sua alma arrebentou-se numa repentina primavera: que perfumes, que delicado ânimo, que fulgor diáfano em meio à escuridão! O sorriso voltou discretamente aos seus lábios e a brisa da esperança beijou-lhe carinhosamente a tez cansada.

– Porque não procurei irmã Clara antes de maiores consternações? Afinal, quanta prudência nesse valioso e doce coração feminino, quanta sabedoria e delicadeza para tratar dos assuntos mais difíceis e complexos para o meu entendimento, assuntos que tanto me torturam – arrazoou com irmão Leão.

Sentindo maravilhoso refrigério, depois de tanto tempo, e mal conseguindo articular as palavras, Francisco continuou ante os olhos atentos e humildes de frei Leão:

– Sim! Acendi uma chama. Irmã Clara acendeu-se em minha chama e na chama de Clara acenderam-se tantas outras e todos nós nos juntamos à fogueira do amor. Sim! Fui eu quem incentivou a grande aventura. Sou o responsável! Não é correto plantar uma roseira e deixá-la sem cultivo. Não posso permitir que essas tochas se apaguem! Sim, irmão Leão, diga a Clara que me prepare uma grinalda de violetas, pois estou a caminho!

Ante o pasmo de frei Cordeiro, esclarecendo que não estavam em estação de flores, Francisco acrescentou:

– Quem sabe se ao passarmos no atalho de São Damião não irá desabrochar inesperada primavera?!

---

[225] *Idem*. Cap. "Clara dá uma Mão", vide todo o capítulo.

O irmão lá compareceu no dia marcado e com extrema alegria foi recebido por Clara e pelas damas pobres. Clara, num sorriso angelical, pronunciou:

– Paizinho, nós te esperamos há uma eternidade! Finalmente!

Ao dizê-lo, abaixou-se e beijou-lhe as mãos.

O irmão jubiloso saudou a todas e, depois de uma refeição frugal, acompanhou Clara, que o convidou a se recolherem no gracioso jardinzinho de São Damião, para uma conversa de almas.[226]

– O espírito vê à distância, paizinho, e nada para Deus é oculto! Plantaste um imenso jardim e agora não desejas mais regar as tuas plantinhas? Acendeste uma fogueira divina em milhares de corações e buscas o escuro da noite? Abriste corajosamente estradas onde só existiam cipoais e te assentas agora à margem delas? Paizinho, o que serão de tuas plantinhas? O que será de mim sem o teu ânimo?

Francisco escutava comovido, deixando verter lágrimas mais preciosas do que os diamantes da terra.

– Escuta, paizinho! – prosseguia a dama ternamente. – Desapegaste de tudo na terra e agora não desejas desapegar da obra de Deus? Toda obra é de Deus e de Jesus Cristo e não nossa! Por acaso Deus não saberá defender-se do mal? Porventura Jesus Cristo buscou advogados na terra para defender-se da cruz ignominiosa?

"Deus é, Deus basta, paizinho! Toda realização sobre os terrenos do mundo pertence a Ele e não a nós! Esta é a maior alforria de que as nossas almas necessitam: entregar a Deus o que é d'Ele. Servir e passar!

"Irmão Francisco, Deus nos basta! Somente em Deus devemos nos comprazer! Deus é a perfeita alegria!

Assim falava enquanto segurava-lhe meigamente as mãos. As lágrimas cândidas de Clara orvalhavam de ternura infinita as mãos de Francisco, que chorava incontidamente meditando: "Ó Deus, a desmesurada sabedoria dos grandes e transparentes corações! Obrigado

---

[226] Hauser, Walter. *Opus cit.* Cap. 37: "O Cântico ao Irmão Sol", p. 243, § 1º. Há outras informações biográficas (das quais carecemos) elucidando que o "Jardinzinho de Clara" ficava dentro da pequena ermida de São Damião, e Francisco não entrava na clausura das irmãs, chegando a dormir do lado de fora quando em visita. Ajustamos aqui a informação de Walter Hauser: "Alquebrado por doenças e desgostos, no jardim das religiosas de São Damião, compôs Francisco um cântico ao Senhor..."

Senhor pela doçura das mulheres. Não duvido que sejam elas vossas especiais e preferidas servas!"

Despediram-se entre lágrimas e ambos afastaram-se chorando. Francisco retornou renovado em espírito, repetindo intimamente; "Deus é, Deus basta! Somente Deus é a perfeita alegria! Onde há amor e sabedoria não há medo nem ignorância, há alegria! O Amor faz possível o impossível! O Amor não é amado... Como os homens podem amar uns aos outros se não amam o Amor?! A perfeita alegria também reside nessa compreensão!"

Francisco, pelos dons de Clara, restaurava espiritualmente as palavras de Jesus, pouco antes de seu regresso à vida corporal:

– Francisco, eu não recebo glória dos homens, mas bem os conheço e sei que não há neles próprios o amor de Deus. Eu vim à Terra em nome de meu Pai, e eles não me aceitaram; outros que vêm em seu próprio nome, a esses eles aceitam. Vai, pois, cordeiro meu, e nada tomes como teu e nada propagues em teu nome, mas em nome d'Aquele que te enviou. Em tudo ajas como se não fosses tu que obrasses, mas Aquele que te enviou, através de ti.

18 – Deus é, Deus Basta!

> A minha paz vos dou, a minha paz vos deixo; não vo-la dou como o mundo a dá. Não se turbe o vosso coração, nem se atemorize.
>
> Jesus (João 14,27)

> Irmão Leão, se Deus tivesse alma, chamar-se-ia paz!
>
> Francisco de Assis[227]

O Pobrezinho estava muito doente, a enfermidade nos olhos se agravava, a vida de severas disciplinas havia macerado demasiadamente o seu corpo, entretanto, revestido de novo ânimo depois da visita a São Damião e arrimado nas palavras de Clara, decidiu retomar seus trabalhos na ordem, com a alegria espiritual de antes.

O desaparecimento do manuscrito da regra de 1223 não mais o desolava negativamente, afinal o trabalho era de Jesus Cristo, tudo pertencia a Deus e não a ele. Francisco convocou novamente frei Leão e frei Bonizzo e rumou novamente para o monte Rainério para redigir outra vez os sagrados preceitos da Ordem dos Frades Menores.

O tempo agora era crucial, pois sentia o enorme desgaste do corpo físico. Era preciso auxiliar os irmãos presentes e futuros deixando-lhes as fidedignas normas de vida da fraternidade, conforme Deus o ins-

---
[227] Larrañaga, Ignácio, opus cit., cap. "A Paz do Advento", pág. 307, § 3º.

truíra. Fazia-se urgente confirmar que a pobreza era a nobre dama a quem todos deveriam seguir; que a humildade e o desapego dos bens mundanos eram imprescindíveis; que o trabalho humilde era a forma de sustento para as comunidades; que a constância do altruísmo e da misericórdia, aliados à oração, não poderiam ser jamais abandonados; que o zelo fraternal de uns para com os outros era norma de vida.

Tão logo o documento ficou pronto, compareceu a Roma para a aprovação da terceira regra, obtendo êxito. Ao caminhar pela cidade, recordou-se de um período em que lá esteve, quando ainda era jovem menestrel, e fora ouvido várias vezes por uma dama romana que se aglomerava em meio ao povo.

A dama chamava-se Jaquelina de Settesoli, oriunda da distinta família Frangipani. No ano 1215, quando Francisco voltou a Roma, agora bem mais conhecido, a senhora pediu-lhe que fosse à sua casa. O Irmão, ao fitar-lhe os olhos, logo reconheceu um coração generoso e uma amiga verdadeira, cuja alma não abrigava quaisquer intenções excusas.

Jaquelina fora casada com o príncipe romano Graciano Frangipani e enviuvara muito jovem, assumindo sozinha a responsabilidade de dois filhos. A jovem viúva residia num palácio de mármore, salpicado de estátuas, reconstruído sobre as ruínas do *septisolium* de Septimius, um palácio magnífico que só Roma possuía na Idade Média Severus, época em que dos belos mármores dos imperadores construía-se degraus nas igrejas e nas casas dos novos ricos. Com os pés descalços, Francisco subiria, mais de uma vez, aqueles degraus.

Desde que conheceu o Andarilho do Cristo, a jovem senhora jamais o abandonou, hospedando-o sempre que estava em Roma. A senhora Jaquelina desejava, inclusive, abandonar a família e segui-lo, mas foi instruída por ele a não fazê-lo, quando arrazoou que a família era um bem igualmente sagrado.

Francisco levou assim a pobreza à vida de Jaquelina e passou a chamá-la frei Jacoba, pois além de demonstrar, com isso, que ela era uma sua protegida e igual na ordem, também na condição de frei possuía amplo acesso a ele na Porciúncula e junto aos frades menores.

Descreve-nos Maria Sticco, de maneira belíssima, a enorme afeição espiritual que Francisco guardava por duas mulheres especiais que o cervaram na vida e na morte:

> Se para Francisco Clara era Maria (irmã de Lázaro), Jaquelina era Marta; se Clara era a filha e a discípula, Jaquelina era a irmã; se era dulcíssimo meditar com Clara e louvar o Senhor, contemplando o horizonte natal, com Jaquelina era útil e bom falar do reino de Deus no mundo, olhando das janelas o Coliseu reduzido a fortaleza; se era Clara o modelo de virgem monja, era Jaquelina o modelo de franciscana secular; se poucas mulheres poderiam seguir Clara, muitas eram as que poderiam imitar Jaquelina. Francisco estimava-a sinceramente, confiando-lhe seus pensamentos mais sagrados.[228]

A dama doou uma propriedade em Trastevere, Roma, para que a ordem fundasse um hospital de leprosos ao qual ela constantemente daria assistência, sem jamais temer o desapego de seus recursos amoedados.

A amizade de almas era tão expressiva que Francisco a chamaria ao seu leito de morte: "Frei Leão, mande chamar frei Jacoba e que ela traga tudo que for necessário para o meu sepultamento!" – diria ele ao seu querido frei Leão.

Ó que deslumbramento os bens que vinculam as grandes almas em Jesus Cristo! Os imorredouros laços do espírito! Jacoba, possuindo os bens da terra, preteriu-os pelos bens do espírito, aqueles que as traças não corroem e a ferrugem não consome, tornando-se a dama da caridade em toda parte.

A alma toda cristã, Jacoba de Settesoli, morreu em Assis em oito de fevereiro de 1239, sendo enterrada perto do túmulo de Francisco. Sua cripta se encontra atualmente dentro da basílica de São Francisco de Assis.

Voltando aos dias da viagem de Francisco a Roma, ele, por fim, obtém do papa Honório III a aprovação de sua regra definitiva, em vinte e nove de novembro de 1223. Missão cumprida!

Logo nos primeiros dias de dezembro, Francisco chamou frei Leão e frei Ângelo e se dirigiram para Rieti. Passados todos aqueles acontecimentos, sentia um ardente desejo de estar a sós com Deus. Malgrado a estranha enfermidade que lhe acometia os intestinos, o baço e o estômago, sem mencionar a moléstia nos olhos que lhe proporciona-

---

[228] Sticco, Maria. *Opus cit.* Cap. VI: "Frei Jacoba", p. 141.

vam agudíssimas dores, marchava espiritualmente jubiloso para um retempero no ermo silencioso.

Alcançando o vale, começaram a subir. Chegando ao monte Rainério, a piedosa senhora Columba os recebeu com o costumeiro carinho, mas não como em outras vezes; uma surpresa os aguardava. A nobre dama Columba, sabendo do apreço do Paizinho pela simplicidade e pelo recolhimento, mandou construir para ele uma choupana de bambus e barro para os seus retiros. Ao ver o abrigo, Francisco se enlevou, exclamando:

– Mãezinha Columba, que beleza! Que autêntico castelo digno da dama Pobreza! Louvado seja Deus! Louvado seja Deus!

Na choupana, Francisco permaneceu em completa solidão meditativa durante duas semanas, sempre exclamando: "Deus é, Deus basta!"

Ao contemplar as maravilhas naturais ao seu redor, embriagado de Deus nas constantes orações, exclamou a frei Leão:

– Por fim a paz retornou à minha alma, frei Leão! Finalmente a paz! Cordeirinho de Deus, escreve: se Deus tivesse alma, chamar-se-ia Paz!

Ao resgatar os quatro últimos anos de sua existência, todas as afrontas sofridas, as grandes dores morais e físicas, as opressões espirituais, a irritabilidade que lhe invadiu a alma contra os agressores, não se permitiu abater por remorsos improdutivos: lançou-se de bruços ao solo e rogou a Deus:

– Perdoai-me, Senhor Jesus! Perdoai-me! Senhor, tu és o meu tudo e eu sou o teu nada! – repetia de face virada para o solo agreste.

O irmãozinho, sentindo enorme exultação por estar novamente em paz, convidou Ângelo e Leão para levarem a paz às pessoas de um povoado próximo. Dessa forma, desceram pelo flanco esquerdo do Rainério e chegaram a uma aldeia chamada Greccio. Francisco naquele dia falou aos aldeões sobre a paz com tanta efusão que chamou a atenção de um homem nobre chamado João Vellita, que o ouvia imensamente emocionado.

O senhor Vellita, que já havia passado dos verdes anos da mocidade, apenas tomou Francisco amorosamente e o conduziu à sua casa, para, de lá, mostrar-lhe do outro lado uma montanha imponente com várias grutas naturais, parecendo construídas especialmente por Deus para os peregrinos. João Vellita revelou ser o monte de sua propriedade e que, com muito gosto, dar-lhe-ia a Francisco e seus frades para o recolhimento.

Infinitamente agradecido ao Criador pelas tantas expressões de carinho recebidas em toda parte, o Paizinho falou:

– Meu irmão, sou-te eternamente grato, pelo que me proporcionas e pelos muitos frades que buscarão pelos tempos em fim esses especiais recantos de Deus. Se ainda posso te pedir algo, gostaria que na gruta maior construísses um eremitério rústico para celebrarmos o Natal de Jesus. Nele prepararei a cena perfeita do nascimento do Menino Jesus para solenizarmos a santa natividade em sua magnífica pobreza! Renovaremos a estrebaria humilde onde o imaculado recém-nascido deu os seus primeiros vagidos tendo por testemunhas um asno e um boi. Ó sublime Natal de Jesus Cristo! Pudesse a humanidade se recordar sempre do berço que o maior dos reis escolheu para vir a terra; podendo nascer em ninhos de ouro e púrpura, elegeu o mais pobre dos pobres berços, uma estrebaria! Assim o presépio[229] foi montado

O Irmão retornou ao monte Rainério e começou a preparação para o Natal. Sua alma se plenificava de alegria e a paz espiritual era a sua companhia constante. "O que mais desejar de Deus?!", repetia de mãos elevadas ao alto. "Deus é, Deus basta!"

Distantes apenas uma semana do Natal, Francisco enviou Ângelo aos eremitérios de La Foresta e Poggio Bustone convidando os irmãos para a celebração da majestosa natividade.

A grande noite havia chegado e a gruta iluminada por tochas revestia-se de elevada aura espiritual. O fogo num dourado vivo imantava tudo de reflexos divinos e a face de Francisco ganhava esplendor transcendente.

Francisco havia resgatado o Natal vivo: o menino Jesus relembrado na palha ladeado por seus pais, Maria e José, um burrinho e um boi, nada mais. Tamanha magnificência espiritual num leito tão pobre. Francisco inaugurara, no Greccio, em 1223, para a posteridade dos tempos, o presépio, três anos antes de sua morte. Os frades entoavam cânticos que faziam evolar da floresta agreste oscilações vigorosas de amor. Tudo ao redor inspirava quietude e sublimidade. Outros

---

[229] Hauser, Walter. *Opus cit.* Cap. 33, p. 215.

176 | HELAINE COUTINHO SABBADINI

frades recitavam o Evangelho, enquanto mulheres e crianças, velhos e moços, chegavam do povoado empunhando mais tochas que iluminavam o caminho numa maravilhosa procissão; nas mãos traziam flores, frutos e pães para a solene celebração.

Quanta alegria naquela noite, quanta gratidão invadia os corações. Francisco de pé começou a pregar o Evangelho:

– "E a luz resplandeceu nas trevas, e as trevas não a compreenderam e não a compreendem até hoje. Houve um homem enviado de Deus, cujo nome era João, o Batista, este veio para dar testemunho, para que se testificasse a luz, para que todos cressem por ele. Não era ele a luz, mas para que testificassem a luz. Ali estava a luz verdadeira, que ainda ilumina a todo homem que vem ao mundo. Estava no mundo, e o mundo foi feito por ele, e o mundo não o conheceu. Veio para o que era seu, e os seus não o receberam. Mas a todos quantos o receberam, deu-lhes o poder de serem feitos filhos de Deus, aos que creem no seu nome; os quais não nasceram do sangue, nem da vontade da carne, nem da vontade do homem, mas de Deus. E o Verbo se fez carne, e habitou entre nós, e vimos a sua glória..."[230]

"Ó Irmãos amados, O Cristo ainda habita em sua mais incorruptível sublimidade na pobreza e na humildade, mas a espécie humana ainda o desconhece; veio para nós e nós não o identificamos! É Luz direcionadora e andamos pelas trevas da ambição e dos apegos! Estende-nos as mãos protetoras e paternais e as ignoramos, buscando os falsos rumos! Ó irmãos, o Cristo é o mesmo, ontem, hoje, eternamente, e ainda espera pacientemente por nós! Deixemo-Lo nascer em nossos corações definitivamente, fazendo-nos manjedouras humildes a eterno serviço e lembrança de Seu soberano amor."

Vencidos, pois, os momentos mais difíceis, Francisco costumava repetir de alma compungida aos seus frades: – O mundo parece espargir rosas, mas na verdade distribui espinhos; porém, eu vos ajudarei, em Cristo, a colher rosas.

Naquele momento especial, as lágrimas vertiam superabundantes dos olhos dos presentes e cada um repensava silenciosamente se Jesus Cristo já havia nascido em sua vida.

---

[230] João 1,5-14.

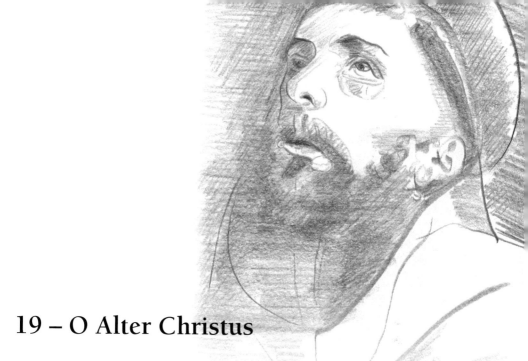

19 – O Alter Christus

> Então disse Jesus a seus discípulos: Se alguém quer vir após mim, negue a si mesmo, tome a sua cruz e siga-me.
>
> Jesus (Mateus 16,24)

> Que diferentemente entendeu esta filosofia aquele serafim humano, aquele vivo crucificado, aquele cruz e crucifixo de si mesmo, o glorioso patriarca Francisco! Negouse a si, tomou a sua cruz às costas, e seguiu tão de perto a Cristo que, de muito chegado e unido, apareceu hoje com uma viva estampa sua, com as cinco chagas abertas.
>
> Antônio Vieira[231]

Um conhecido fidalgo na cidade de São Leão deu uma festa às vésperas de ser armado cavaleiro. Dentre os muitos convivas, estava um nobre chamado Orlando Catânio, o conde de Chiusi Nuovo, que era dono da montanha *La Verna*. Nesse dia, Francisco encontrava-se na vizinhança, tendo comparecido à festa, pois lá esperava fazer boa colheita em Cristo. Na pregação efusiva, começou pelas palavras: "Eu espero tão grande alegria que por ela tudo posso sofrer!"[232]

[231] Vieira, Antonio. *Opus cit.*, § II.
[232] Hauser, Walter. *Opus cit.* Cap. 23: "O Conde Orlando faz Presente a Francisco do Monte Alverne", p.155.

Tangido agudamente na sensibilidade, o conde Orlando foi ter com o Pobrezinho e falou-lhe:

– Irmão Francisco, possuo nas terras da Toscana uma montanha, majestosa e solitária. Se ela vos convier e aos vossos companheiros, é com muita alegria que vo-la dou de presente.

O Irmão, que amava a solidão para as intensas meditações e orações, louvou a Deus e muito agradeceu ao conde.

As cariciosas dádivas transbordavam e o Pobrezinho pensava que jamais havia ambicionado o tanto que recebia; quanto mais desprezava as coisas do mundo, mais elas eram generosamente oferecidas a ele. Bizarro paradoxo! Imputava a Deus tudo aquilo. Somente Ele era capaz de tudo proporcionar. Sim, era Deus, não possuía quaisquer dúvidas!

Verdadeiramente esta lei existe nos sublimes códigos do invisível! São João da Cruz, o inesquecível frade carmelita, antevendo este fato, haveria de proclamar mais de três séculos depois: "Quando desejei menos, obtive tudo".

Não demoraria e Francisco enviaria dois frades ao conde de Chiusi Nuovo para subirem o monte *La Verna* ou Alverne, com vista a um reconhecimento do alto e agreste maciço. Orlando delegou uma escolta de cinquenta homens para os dois frades, que rumaram acima do Alverne. Nas suas alturas, o conde mandou que construíssem cabanas para os frades e uma especial para Francisco. Os irmãos oraram fervorosamente imersos no Eterno, depois retornaram informando ao Paizinho que o local era completamente solitário e muito propício para a imersão em Deus.

O monte Alverne marcaria indelevelmente a vida do Outro Cristo, pelos transcendentes eventos que lá seriam vividos. Muitas vezes ele se internou nas alturas de *La Verna* para o sagrado convívio com o Imutável Pai.

Quando Francisco para lá se encaminhou pela quinta vez, rompendo a inclemência de suas escarpas e a rudeza das trilhas, já se encontrava macerado por suas sonhadoras andanças por Cristo. Aproximava-se o momento de sua partida para a Casa Verdadeira.

Irrompendo a região do vale Casentino, os irmãos sentiram as almas opressas, estranhamente, enquanto de longe avistavam a escura e solene montanha dormindo embalada pelo safirino azul do céu.

FRANCISCO DE ASSIS, O ALTER CHRISTUS | 179

"Alverne – em sua majestade e mistério – era dilatadamente ameaçadora para os inimigos, mas para os amigos era o próprio lar!"[233] – comentou um dos cronistas da vida de Francisco de Assis.

O Irmão avançava pelo caminho montado em um asno que trotava calmamente, mas quando divisaram a soberba montanha ao longe, pediu que o ajudassem a descer. Ajoelhou-se contritamente ao solo e orou por longo tempo, sentindo a alma apertar-se e voar para diferentes panoramas espirituais. Retornando à realidade, levantou as mãos para o alto e exclamou:

– Alverne, Alverne, Calvário Alverne! Bem aventurados os olhos que te divisam a majestade única e as almas que te ganham as alturas divinas! Saúdo-te, Alverne, os contornos imensos e silenciosos, os pinheiros gigantescos e seculares, os irmãos pássaros, falcões, melros, as delicadas e cantantes filomelas, as irmãs perdizes! Rogo aos serafins e anjos que te habitam a permissão para adentrar a esse magnífico santuário de Deus! Ó anjos do Cristo, guiem-me na sagrada jornada, pois pressinto a estação das grandes tempestades do espírito! Ó Alverne amado, serás imortalizado em minha alma crucificada em Jesus Cristo!

Novamente assentado sobre a montaria, seguiu viagem acima com os frades em intenso silêncio, ao tempo que, gradualmente, a paisagem ia se alterando. As extensões cultivadas por mãos humanas – os pomares de maçãs, figos e ameixas, os trigais, vinhedos e olivais – iam ficando para trás, enquanto aumentavam as extensões cultivadas pelas mãos divinas – os abetos, os ciprestes, as azinheiras e os carvalhos imensos. Finalmente chegaram às elevadas e esplêndidas formações rochosas, quais casas do Onipotente!

Enquanto peregrinavam absorvidos na quietude espiritual, o Irmão rasgou o silêncio, exclamando:

– Frei Leão, todas as casas naturais que recebemos do Senhor, nos altos planos eternos, temos coroado os seus cumes com a cruz do Grande Martirizado, devemos, pois, coroar igualmente o perene e adorado monte Alverne!

– Sim, paizinho, iremos fazê-lo!

– Escreve, Cordeirinho amado, quem sabe não precisemos fazê-lo? Provavelmente o Senhor pessoalmente a assentará pela Eternidade!

---

[233] Larrañaga, Ignácio. *Opus cit.* Cap. "Alverne a Vista", p. 318.

O grupo, atingindo os cumes mais elevados, foi surpreendido por algo arrebatador: aos olhos atônitos dos frades surgiram a saudar o Irmão centenas de aves – andorinhas, rouxinóis de vários matizes, pardais monteses, estorninhos malhados, tentilhões de várias estampas, delicadas cotovias, melros pretos e os de cabeça branca. Todos estavam lá a cumprimentar o mais dileto filho de Jesus Cristo! Francisco somente articulava, com os olhos marejados de lágrimas:

– Obrigado, meu Deus! Obrigado, Senhor! Quanta beleza em Tuas mãos, ó Cristo! Ó Irmão Leão, quão grandioso é Deus!

Enquanto isso, as aves chilreavam, rodopiavam, pousavam em suas mãos, cabeça e joelhos, num trinar magistral.

Atingindo as rochas colossais do pináculo do Alverne, aproximavam-se mais e mais do local do eremitério, e, lá chegando, antes mesmo de se acomodarem, Francisco desejou orar, e o fez:

– Obrigado, Senhor, pela moradia altaneira em seus contornos de espiritualidade que nos emprestas! Através dos séculos sem fim dispõe-se o monte humildemente a receber Teus filhos, os peregrinos da eternidade, para abrigá-los nos santificados sacrifícios para melhor Te conhecerem, para mais subirem aos Teus abençoados pés!

O Pobrezinho levantou-se serenamente e, enxugando as lágrimas, rogou, em tom doce e paternal:

– Irmãos caríssimos, aproxima-se a hora de meu regresso à morada verdadeira e não posso lá chegar despreparado; como noivo da dama Pobreza, preciso, mais do que nunca, enfeitar-me de virtudes. Nestes momentos gostaria de ficar a sós com meu Deus. Recebam, por amor de Jesus Cristo e em meu nome, os peregrinos que aqui chegarem e deixem somente o irmão Leão atender-me diariamente com uma côdea de pão e um pouco d'água.

O conde de *Chiusi Nuovo*, que dera a montanha de presente a Francisco, quando da primeira escalação com os dois frades para a averiguação do local, havia mandado construir cabanas e uma em especial para o irmão Francisco, bem mais distanciada, pois sabia de seu apreço pela solidão contemplativa. A cabana era encampada por uma faia gigantesca e frondosa, muito verde, que, como uma sentinela majestosa, tomava cuidado do irmão. Assim, como em vezes anteriores, o Poverello se encaminhou para a sua distante choupana e lá se internou por vários dias, sendo somente assistido por frei Leão.

A primeira oração no interior do abrigo foi de gratidão pelo altiplano esplendoroso, fecundo de espiritualidade, e, em alta voz e de mãos elevadas ao alto, Francisco exultou:

– Senhor Deus meu, quão maravilhosos prodígios na Tua obra, quão estupendas realizações advindas de Tua misericórdia para o alívio daqueles que vivem nas paragens de lutas terrenas! Bendigo o Teu nome, Senhor, por este céu de um azul feérico convidando ao mergulho na imortalidade e pelas noites em que esse tapete se borda de diamantes celestes! Bendigo o Teu nome, Senhor, por esse colossal e milenar maciço aureolado de paz infinita, casa dos pássaros e dos animais de toda espécie; morada dos pobres e dos peregrinos. Com suas fendas, generosamente oferece abrigo aos seres viventes de diferentes condições. Bendigo o Teu nome, Senhor, por teres me trazido até aqui, pelas dores e pelejas sem fim, por tantos benefícios que me concedeste e aos meus filhos amados.

Francisco pensava detidamente no momento de sua partida para os braços do Eterno Pai e não deixava de experimentar certa ansiedade, refletindo sobre o prosseguimento daqueles que tanto amava. Dessa forma, o Alverne foi para o Irmão um emblemático misto de êxtase e fogo, de néctar e amarguras, de paz divina e fogo depurador!

Transcorria um ano e meio que ele não mais era visitado pela desolação. Contudo, a partir de tais pensamentos, depressa tudo compunha um horizonte completamente diferente: eram os sentimentos de pai na iminência da partida; era uma desmesurada dor na alma pelo amor incompreendido, pelo amor não amado. Ó como se compadecia daqueles para os quais não pôde falar sobre o amor não amado, daqueles que ainda ficariam entregues ao sabor das paixões e das ilusões.

Retornavam à sua mente os momentos das grandes tempestades do espírito, quando não conseguiu deter a cupidez de seus próprios filhos; a obstinação inclemente da intelectualidade afeiçoada aos valores do mundo voltada contra os seus santos princípios de pobreza em Cristo. Ainda uma vez frei Pedro Staccia e frei Elias vieram à lembrança, e ele rememorava os duros conflitos de interesses na edição da regra da ordem. Uma sombra inesperada de amargura sobreveio sinistramente...

No entanto, lembrava cariciosamente que Jesus, o Divino Modelo, atravessou momentos de superlativas incompreensões, quando exclamou: "Ó geração incrédula e perversa, ó homens de pouca fé, até quando vos sofrerei?"[234] Por isso, ele, Francisco, deveria compreender, suportar e perdoar. Mas, ao simples toque da triste recordação agitou-se a alma que já ansiava pela quietude inabalável... Nessa hora saiu da cabana humilde e prostrou-se de peito ao solo e, com os braços abertos em cruz, implorou:

– Amado frei Pedro Staccia, eu te perdôo e te envio toda essa interminável paz que agora fruo e rogo ao Pai que te abençoe perenemente. Que os anjos guiem os teus passos para a morada celeste. Amado irmão em Cristo, frei Elias, bendigo o teu nome e te abençôo mais do que posso, que o Senhor resguarde os teus passos para a vida verdadeira!

O Irmão, muito mais sereno, pensou que sentir mágoa dos opositores era lancetar o próprio peito da Divindade com a ingratidão – Deus jamais deve estar entre as contendas e misérias humanas –, e suplicou ainda:

– Sê, Mãe e Irmã Terra, o grande e inexaurível berço e ninho para a convergência dos ardores em nome do Cristo, em perene união fraternal!

Francisco retornou devagarzinho para a choça, com os olhos ainda orvalhados de lágrimas, repetindo suavemente: "Ó Senhor, que grande paz! Que grande conciliação contigo!"

Inúmeras vezes, nos estupendos arrebatamentos espirituais na cabana isolada do Alverne, Francisco entrou em tão profusa comunhão com a sspiritualidade superior, em dilação colossal da alma, que frei Leão o surpreendeu mais de uma vez elevado sobre o solo, levitando. Numa dessas ocasiões, aproximou-se de mansinho, beijou-lhe os pés e rendeu graças pelos prodígios divinos, através das virtudes daquele que considerava um verdadeiro santo.

Sentindo a necessidade de isolar-se ainda mais, como que pressentindo se aproximar o aguardado momento da avaliação superior sobre a sua rigidez espiritual, Francisco afastou-se para um abrigo bem mais rústico, improvisado de caniços e cipós, num cume bem mais agreste, cujo acesso se dava através de uma pinguela improvisada

---

[234] Mateus 17,17.

sobre um abismo de aproximados quarenta metros. Na plataforma, o Irmão se instalou: era o terraço de Deus, o terraço onde ele sorveria o mais espetacular acontecimento de sua existência. Suplicou a frei Leão que o deixasse um mês em maior jejum, completamente sozinho, e só se apresentasse quando chamado.

Frei Leão deveria levar água e pão uma vez por dia. Nas noites, poderia ir rezar com ele as matinas, mas, antes de atravessar a ponte improvisada, deveria gritar um código: *Domine labia mea aperies* ('Senhor, abre os meus lábios' ou 'Senhor, anuncia-me!')

Aqueles momentos eram magistrais e o Peregrino do Evangelho se embriagava de ternura por tudo ao seu redor; sua percepção dilatava-se ao infinito. Assentado no *Sasso Spicco,* a rocha mais alta, como uma pequena varanda para o céu, vivia metafísicas experiências de amor e gratitude.

Num entardecer, observou um falcão que, chegando de sua caça diária, com um bater vigoroso de asas pousou numa extensão pontiaguda do maciço. Admirou-se com que facilidade a ave cruzava o espaço e com que percuciente atenção identificava sua rota. O Irmãozinho impregnou-se de afeição pelo pássaro e começou a conversar com ele. Espantosamente a ave levantou asas voou e pousou bem próxima a ele.

– Irmão falcão, vem, não tenhas medo! Ó irmãozinho, admiro a tua liberdade de cortar os espaços e tudo observar das alturas! Tu vais a todos os lugares e infinitos são teus horizontes! Que beleza! Sê grato a Deus, irmão falcão, sê bondoso com seus irmãos, os outros animais, pelo tanto que és agraciado pelo Eterno Pai!

Admiravelmente, o falcão passou a retornar todos os dias para a companhia de Francisco, até o dia de sua partida do monte Alverne, e à meia-noite, sucessivamente, vinha acompanhá-lo nas orações. Que sublime magnetismo de Francisco de Assis, que atraía todas as expressões de Deus na natureza e, ao mesmo tempo, sendo por elas sentido e compreendido!

Certa noite, frei Leão foi para as orações e gritou, conforme combinado, antes de atravessar a pequena ponte: "Senhor, anuncia-me", mas o silêncio foi total. O Cordeirinho de Deus gritou mais uma vez, mas nada. Resolveu, então, atravessar o acesso já um pouco preocupado. Adentrou devagar a cela pobre, mas não encontrou o Pai querido. Apreensivo, saiu a procurá-lo com a luz da lua guiando os seus passos, certo de que o acharia em oração num retiro da mata.

Surpreendeu Francisco de joelhos envolto numa aura mística, com as mãos levantadas ao céu. Estampava um olhar de absoluta transcendência e repetia: "Quem és Tu, Senhor, e quem sou eu?" Repetia inúmeras vezes a mesma pergunta, fitando o infinito, enquanto frei Leão ficou paralisado ante a visão, como que magneticamente preso. Muito quieto, pôs-se a observar.

Irmão Leão viu repentinamente descer do alto um relâmpago de luz, como fogo de dimensões inimagináveis, sobre a cabeça de Francisco, indescritível, esplendoroso! O frade estava igualmente arrebatado ante a visão, enquanto o corpo tremia de forma descomunal. Dentro da luz uma voz tecia com ele amorosa conversação, porém o irmão Leão nada conseguiu entender, o que fê-lo considerar-se indigno e bisbilhoteiro por estar presente àquele momento tão solene.

Entretanto, todos os acontecimentos, aos olhos de Deus, possuem um propósito. Sabemos que, através das anotações de frei Leão à posteridade, bilhões de pessoas conheceriam maiores detalhes desse transcendental e sublime acontecimento na vida de Francisco de Assis.

Subitamente, desceu suavemente por dentro do clarão projetado sobre Francisco um maravilhoso serafim de seis asas, mas, justaposto ao anjo, estava o Cristo Crucificado, vivo, divinal, eterno! Que espetáculo da Misericórdia Infinita! Duas asas levantavam-se para o alto como preparadas para um vôo celestial, duas fechavam-se graciosamente sobre o dorso do sublime Martirizado, patenteando a transmutação do corpo supliciado em pura espiritualidade, e duas abriam-se na horizontalidade do *patibulum* a denunciar – para Francisco e para a humanidade – a ascese e a iluminação através das aflições suportadas humildemente. Que estupor, que ultradimensional visão imantada de estupenda energia purificadora! Os olhos do Irmão seráfico estavam vidrados e ele pensava: "Ó Deus, posso morrer neste momento crucificado às dores do Cristo e o faço com suprema exultação!"

Irmão Leão, quando conseguiu, recuou devagarzinho alguns passos e ficou a olhar, escondido atrás de uma árvore. Não queria macular aquele íntimo momento de admirável comunhão com Deus.

Com olhar fixo, percebeu quando Francisco, envolvido pelo relâmpago divino, abriu três vezes as palmas, que se encontravam estendidas e tocadas igualmente pela estupenda luz, em forma de fogo. Era uma visão magnífica! Frei Leão jamais testemunhara nada tão colossal e imaginava a elevação espiritual do Pobrezinho, que amava com toda a nobreza de sua alma.

Gradualmente a luz foi retornando para o alto, até a abertura na mata voltar a se banhar somente da luz da lua. Foi se afastando devagar para não ser notado, mas subitamente irmão Francisco indagou:

– Quem está aí?

– Sou eu, paizinho, irmão Leão – respondeu muito assustado, temendo uma repreensão.

– O que estás fazendo aqui, Ovelhinha de Deus. Não te pedi para guardares distância nestes momentos?

– Perdoa-me, pai Francisco. Tentei te chamar, mas em vão. Preocupei-me.

– O que tu vistes, frei Leão?

– Falavas, irmão Francisco: "Quem és tu, quem sou eu?" Depois uma grandiosa luz desceu sobre a vossa cabeça e, de dentro dela, uma voz conversava contigo, mas nada pude compreender. Perdoa-me, irmão Francisco! – suplicou frei Leão entre lágrimas.

Francisco, na mais santa compreensão, orou com o irmão e despediu-se, retornando para a cela humilde.

Daquele momento em diante, uma aura de sublime espiritualidade revestia Francisco, que submergiu em Deus completamente, na ansiosa busca que decorria desde os tempos da mocidade nas encostas solitárias do Subásio.

Todas as noites, desde aquele instante, Francisco dormiu muito pouco. Saía da choça e sentava-se na pedra que se abria para o zimbório enfeitado de estrelas rutilantes. Assim ficava por horas, abismado na mais magnífica imersão em Deus, pleno de amor, júbilo e gratidão. Recordava cariciosamente os dias da mocidade, quando somente queria estar com Deus, quando a fome de Deus o abrasava, quando ansiava Deus sofregamente das escarpadas do monte Subásio. Em suspiros profundos de paz, reconhecia: "Vivi de tal forma que encontrei Deus finalmente, alimentei-me de Deus, estou pleno de Deus! Enfim, estou saciado de Deus! Senhor, graças te rendo! Que o mundo inteiro possa encontrá-Lo, Senhor, para finalmente viver em paz!"

Respondendo à própria pergunta – "quem és tu e quem sou eu" – falava com voz mansa, enquanto descortinava com olhos molhados o espaço interminável: "Tu és tudo, Senhor, eu não sou nada! Tu me embriagas com Teu amor, meu Deus! Eu não sou nada, eu não sou nada!" – repetia.

Francisco passaria a falar muito pouco. A palavra, envergonhada, parecia ter desaparecido em sua garganta. Tudo mudou, ou transmutou-se. O Alverne estendia-se ao universo, tudo era uno, tudo era Deus. O Irmão não distinguia o que era a acanhada terra e o que eram as galáxias; abraçava todo o monte Alverne, misteriosamente, com os seus próprios braços e acariciava-o com as suas próprias mãos, em tamanho amor, como se a cabeleira do maciço fosse feita de azinheiras, carvalhos, giestas e dos grandes pinheiros.

Que noites de sublime embriaguez em Cristo! Que soberana gratidão arrebentava a alma do *Alter Christus*.[235]

---

[235] Boff, Leonardo. *A oração de são Francisco*. P. 18. Boff menciona que Francisco de Assis também é chamado pelos teólogos, desde tempos imemoriais, de "O Primeiro depois do Único" e o "*Alter Christus*", o *Outro Cristo*.

20 – Alverne, o Monte Eterno

> Amados, amai uns aos outros, porque o amor é de Deus e qualquer que ama é nascido de Deus e conhece a Deus. Aquele que não ama não conhece a Deus, porque Deus é amor.
>
> João (I João 4,7-8)

> A harmonia secreta vale mais do que a harmonia manifesta.
>
> Dimitry Merejkovsky[236]

Faltando uns três meses para o final do ano 1224, o Irmão Crucificado preparou-se para o seu retorno à Porciúncula. Para tanto se reuniu com os frades, deliberando aqueles que ficariam no Alverne, e depois lhes falou em amorosa despedida:

– Irmãos amados, reverenciem este lugar com toda devoção, pois o Senhor aqui nestas alturas benditas também faz morada. Procurai por Ele, incansavelmente, através dos muitos jejuns e orações, e vós O encontrareis. Jamais desistais do definitivo encontro com o Amado de nossas vidas, o Amor não amado!

"Retiro-me com o Cordeirinho de Deus, irmão Leão, que tem sido, por piedade do céu, minha mãe e secretário, mas minha alma ficará

---
[236] *Opus cit.* Cap. III, it. 34, p. 30.

convosco! Amo-vos com todas as forças do espírito, amo-vos como uma mãe ama os seus filhinhos. Jamais deixem de prestar honras cavalheirescas à mais nobre e bela de todas as damas: a dama Pobreza! Cortejai-a, amai-a e ajoelhai diante dela, pois é a única a quem deveis venerar.

Adeus, irmão Masseo! Adeus, irmão Ângelo! Adeus, irmão Silvestre e irmão Iluminado! Adeus, Alverne, monte eterno! Adeus, monte dos anjos! Adeus, montanha querida! Adeus, *Sasso Spicco*, meu caro rochedo! Adeus, irmão falcão, bendito sejas por tuas delicadezas! Adeus, rocha altíssima, nunca mais te verei! Em teus braços, generosa mãe, deposito estes meus filhos aqui presentes.

Essa despedida plena de amor e gratidão seria registrada por frei Masseo para a posteridade dos tempos.

Todos choravam inconsoláveis e o Irmão Crucificado também enxugava as lágrimas enquanto se afastava, buscando a trilha de descida a Chiusi Nuovo. Os dois irmãos caminhavam submersos num silêncio divino. De longe avistaram o Alverne e Francisco desejou descer do jumento para orar mais uma vez e, de joelhos, agradeceu: "Obrigado, montanha querida, por todas as bênçãos que me dispensaste, por teus cumes benditos onde pisam os pés dos anjos e onde o próprio Senhor faz morada. Obrigado, carvalhos e giestas, árvores gigantescas, sentinelas de Deus! Adeus, pássaros amigos, adeus!"

Frei Leão chorava como criança, inconsolavelmente.

O Pobrezinho, retomando a montaria, rumou para La Foresta com frei Leão, que puxava o animal com extrema delicadeza. O silêncio que se fazia entre ambos traduzia milhões de palavras! Era desnecessário falar, tudo era majestade ao redor, tudo era o mais sublime coroamento de uma missão toda abençoada.

Dormiram numa gruta e ,durante a noite, frei Leão verificou que o amado Pai ardia em febres. Depressa foi atendê-lo e pela primeira vez viu as chagas que se abriram em suas mãos, nos pés e no flanco direito. Limpou-as com água morna com amabilidade de mãe, protegeu-as carinhosamente com tecidos, pois irmão Francisco era muito cioso de seus segredos com Deus.

Afetuosamente, com um coração legitimamente maternal, frei Leão recolheu gravetos e acendeu uma fogueira, pois o Irmão Crucificado tremia muito e, ao fitá-lo refletido pela vermelhidão do fogo a crepitar, pensava no amor de Deus por aquele pequenino pobre, tamanho amor que lhe fez a mais pura imagem, no amor e na dor.

O fogo, no entanto, ardia-lhe os olhos já doentes. Assim, delicadamente, irmão Leão com cuidado afastou-o para mais longe da fogueira para que a luz não lhe atingisse a visão já comprometida.

Francisco não dormia; numa natural vigília, permanecia em homilias e deslumbramentos espirituais. Inegavelmente era já um ser metafísico; estava um pouco na terra e um pouco nas esferas celestes.

A Ovelhinha de Deus, frei Leão, chorava às escondidas; aos soluços pensava no que seriam os seus dias sem a presença do adorado irmão, pois a vela divina se apagava gradual e inevitavelmente, aos seus olhos impotentes. A contemplação do querido Crucificado era algo indescritível, tocava-lhe as cordas mais íntimas da alma, fazendo com que um lamento agudo, em forma de musicalidade, evolasse aos céus. Francisco, vendo a desolação do filho muito querido, suplicou:

– Não chores, Cordeiro de Deus, nada se finda nos horizontes do espírito. Eu estarei sempre presente ao teu lado, pois a morte é apenas o retorno à casa do Pai, ao nosso verdadeiro lar. Promete-me que vais encher tua vida de alegria a Deus pelo serviço constante, pois onde há trabalho pelos pobres e sofredores não há tristeza!

Em breve estavam novamente nas trilhas, chegando a Borgo San Sepolcro, para depois começarem outra vez uma subida por uma encosta áspera, rumando para o eremitério no monte Casale. Ao aportarem o local do eremitério, um frade caiu de joelhos aos pés de Francisco, banhado em lágrimas:

– Irmão Francisco! Paizinho Francisco! Dá-me tua benção! Sou um daqueles agressores que te surpreenderam na estrada. Sou eu, Paizinho. Desprezei tudo por amor a santa Pobreza em Cristo! Há muitos anos encontro-me renovado em Deus por teu mérito e bondade! Há muitas estações trabalho nos pomares, cultivo hortaliças e entrego-me constantemente aos jejuns e às orações, vivendo sob a piedade do Senhor!

O frade referia-se ao assalto sofrido por Francisco na estrada para Gubbio, logo depois do evento na praça de Assis, quando se despiu das vestes e do nome de família, iniciando a sua caminhada missionária.

Cheio de júbilo, o Irmão Crucificado beijou-lhe ternamente a testa e, em seguida, convidou frei Leão à parte, louvando: "Ó os mistérios do Amor, frei Leão, Ó os mistérios do Amor não amado! Obrigado, meu Senhor! Obrigado, meu Deus!"

Os dois paladinos do Cristo passaram vários dias no eremitério do monte Casale, quando chegou o momento de descer e pegar, outra vez, a estrada rumo à cidadezinha de Borgo San Sepolcro, que já os aguardava. Foi uma deliciosa surpresa! As pessoas em polvorosa, chorando, corriam tentando beijá-lo, outras buscavam tocá-lo, surgindo de todos os lados, parecendo que os homens haviam deixado os seus labores no campo, as mulheres, seus trabalhos no lar, os comerciantes, as suas lojas, misturando-se aos velhos e crianças, que, numa só voz, saudavam: – *Santo di Dio! Santo di Dio!* Santo de Deus! Santo de Deus! – enquanto Francisco os abençoava humildemente e algo resignado, pois não apreciava o exaltamento de sua pessoa enquanto o Cristo recebera apupos e pedradas.

Relatam os cronistas que o Irmão Crucificado somente conseguia repetir, qual João Evangelista em seus momentos da velhice, não de forma casual, bem o sabemos:

– Filhinhos, amai-vos uns aos outros! Amai-vos sempre uns aos outros! Deixai que as vossas almas ardam nas brasas do amor por Cristo! Amados filhinhos, amai uns aos outros, porque o amor é de Deus e qualquer que ama é nascido de Deus e conhece a Deus. Aquele que não ama não conhece a Deus, porque Deus é amor.[237]

Inebriado de emoção, Francisco continuava:

– Se deveis amar as plantas, os animaizinhos, as pedras, os insetos, o que dizer de vossos semelhantes? Revesti-vos de amor puro e de entranhas de misericórdia uns para com os outros. Amai, amai sempre, meus filhinhos!

Mansamente iam se afastando de Borgo San Sepolcro, enquanto as pessoas acenavam até perdê-lo de vista. Que visão! Que extraordinário carisma pelo amor!

O Irmão Crucificado, de retorno a São Damião, apreciava ficar no jardinzinho das irmãs pobres e sob o carinhoso cuidado de Clara,[238]

---

[237] I João 4,7-8.
[238] Hauser, Walter. *Opus cit.* Cap. "O Cântico do Sol", p. 243.

FRANCISCO DE ASSIS, O ALTER CHRISTUS | 191

que naquela hora fazia-se enfermeira, irmã e mãe, cobrindo-lhe de muitos carinhos e desvelos. Francisco lá permaneceu durante cinquenta dias, contudo, nesse período, Clara jamais viu as chagas que ele protegia com muito zelo, dizendo intimamente: "Pobre o homem que não possui segredos com o seu Senhor!"

Alquebrado pelo desgosto e pela enfermidade, Francisco escreveu o *Cântico ao Sol* exatamente no jardinzinho de Clara, alma querida que tanto o inspirava. O poema é reverentemente apreciado até os dias atuais:

Excelso e Onipotente, bom Senhor,
A Ti o louvor;
Somente a Ti pertençam
Toda honra, toda glória, toda bênção,
Nenhum mortal, ainda que o orgulho dome,
Nenhum é digno ele de dizer Teu nome.
Louvado sejas, meu Senhor,
Com todos esses seres que criaste.
A começar pelo irmão sol, engaste
Da luz que gera o dia, e de esplendor
de Tua glória – imagem, meu Senhor!
Louvado sejas, meu Senhor!
Pela irmã lua e irmãs estrelas,
que formaste no céu com tanto amor,
tão claras e tão belas.
Louvado sejas, meu Senhor, pelo irmão vento,
Pelo ar, pela nuvem, orvalho... firmamento;
Nutrição e saúde às criaturas.
Louvado sejas, meu Senhor,
Pela irmã água que se arrasta,
Útil, humilde, preciosa e casta.
Louvado sejas, meu Senhor,
Pelo irmão fogo, fonte de calor,
Que aclara a noite e afasta a morte,
belo, jucundo, varonil e forte.
Louvados sejas, meu Senhor,

Por nossa irmã, a terra maternal,
Cujas entranhas benfazejas
Produzem o tesouro vegetal
De árvores, ervas, frutos de ouro e flores,
Cheias de aroma e tintas de mil cores.
Louvado sejas, meu Senhor,
Pelos que perdoam por Teu amor,
E suportam enfermidades e tribulações.
Bemaventurados os que sustentam a paz,
Que por Ti Altíssimo serão coroados.
Louvado sejas, meu Senhor,
Por nossa irmã, a morte corporal,
Da qual homem algum pode escapar.

A posteridade passou a unir ao *Cântico ao Sol*, o *Cântico da Paz* e o *Cântico à Irmã Morte*, como se fossem somente um. O *Cântico da Paz*, junto com outras as laudas, foi escrito pelo Poverello em Assis, num momento em que os rancores tentavam separar o pastor do rebanho. Era cantado pelos frades, de mãos postas, nos momentos mais cruciais e desafiadores por que a fraternidade atravessou. Ei-lo separadamente:

Louvado sejas, meu Senhor,
Porque por vosso amor,
Há quem perdoa e sente
Todos os males pacientemente.
Feliz o que na paz perseverar,
Porque com Deus há de se coroar.

Incansável em suas jornadas pelo Cristo, e espiritualmente n'Ele para sempre crucificado desde o transcendental acontecimento no inesquecível monte Alverne, o irmão Seráfico partiu em seguida à estadia em São Damião para o vale de Rieti, embora já bastante alquebrado pelas enfermidades.

21 – Adeus, Assis

As ovelhas o seguem, porque conhecem a sua voz.
(João 10,4)

Ali onde a encosta da colina é mais suave,
Deus fez surgir um sol para abrasar o mundo,
Como raramente o faz.
Não é Assisi, Ascese, que se deve chamar esse lugar,
Quando dele falamos, pois isso é pouco:
Devemos chamá-la de cidade do Sol...

Dante Alighieri[239]

A jornada até Riete foi bastante difícil, pois as dores e o corrimento ocular haviam piorado. O Irmão avançava no caminho sobre sua pequena montaria, quando chegou perto de um lindo vinhedo cujos perfumes assemelhavam-se a aroma divino. O cultivador de uvas era um padre residente em São Fabiano da Floresta, que dispensou pousada aos frades e com especial zelo, especialmente ao verificar o estado de saúde de Francisco. Os viajantes aceitaram de boa vontade a generosa hospedagem proporcionada pelo viticultor.

O velho padre desvelava-se pela produção do vinhedo que nas boas safras anuais oferecia-lhe doze medidas de vinho. Sempre iso-

---

[239] Hauser, Walter. *Opus cit*. Cap. 46: "Assis, A Cidade do Santo", p. 303.

lado no seu particular paraíso, vivia pobremente, como era o estilo de vida do Irmão Crucificado. Contudo, tão logo surgiu a notícia de que Francisco estava hospedado na casa do vinicultor, as pessoas dos arrabaldes começaram a chegar aos magotes; homens, mulheres, crianças e velhos, de diferentes condições, todos vinham em romaria ansiosos por vê-lo.

A afluência de pessoas a romper por meio do vinhedo do irmão Fabiano alimentava-se das uvas e, num breve período, muitos frutos haviam sido colhidos para as necessidades dos peregrinos, muito mais ávidos ainda do fruto de Deus, Francisco.

O Pobrezinho, testemunhando a desolação do irmão pela devastação do vinhedo, orou fervorosamente em silêncio ao Alto e depois lhe chamou, dizendo: "Irmão, teu vinhedo vai produzir o dobro na próxima colheita, por teres permitido que o Senhor aqui nestas terras fizesse boa colheita de almas." No outono, o padre haveria de confirmar tão especial augúrio, ao estocar o vinho na adega, que o seu vinhedo havia produzido o dobro. O padre de São Fabiano da Floresta deu muitas graças a Deus pelos méritos do irmão Francisco.

Naquele momento, a viagem através do vale de Rieti era como um triunfal coroamento pelos silenciosos sacrifícios e testemunhos dos anos dedicados incondicionalmente ao serviço do Senhor. A notícia de que Jesus Cristo oferecera as suas mesmas chagas ao Pobrezinho de Assis já havia chegado a toda parte; dessa forma, era inevitável que nas localidades em que ele voltasse afluíssem pessoas de todos os lados para vê-lo e beijá-lo. Quando as mãos feridas pelos estigmas – assomadas das amorosas mãos do próprio Cristo – pousavam sobre a cabeça de um doente, ele se curava imediatamente e a alegria era infinita. Tantas eram as pessoas que corriam para beijá-lo e por ele serem tocadas, que, certa feita, entre frei Leão e o *Poverello di Dio* travou-se a seguinte conversa:

– Quase foste devorado pela fera popular, irmão Francisco!

– Deus! Deus, irmão Leão, é a Deus que as pessoas querem devorar. As pessoas têm fome de Deus. Quando sentem o calor de Deus, perdem a cabeça e se lançam para devorá-lo! Deus, irmão Leão, é a Deus que as criaturas buscam![240]

---

[240] Larrañaga, Ignácio. *Opus cit.* Cap. "Aos Pés da Criação", p. 349.

Francisco seguiu em direção ao monte Rainério, buscando o seu ermo. Lá um médico propôs aplicar-lhe uma cauterização nas têmporas para amenizar a grande dor nos olhos inflamados. Enquanto o frade aquecia o ferro, o irmão Crucificado conversava resignadamente com o fogo:

– Meu irmão fogo, dentre tudo, Deus te fez especialmente nobre e útil. Por amor d'Aquele que te criou, sê-me clemente nesta hora, irmão fogo; sempre te amei e amar-te-ei eternamente.

Em seguida, fechou os olhos e deixou-se tocar pelo ferro incandescente sem receio ou lamento.

Os frades saíram e choravam às escondidas, extremamente compadecidos do Pobrezinho Crucificado, que, ao perceber, lhes advertiu:

– Irmãos medrosos! Almas de pouca fé, por que fugistes? Afirmovos que absolutamente nada senti. Se mais precisar, deixarei me queimarem sem receio do irmão fogo, que me tratou com muito amor.

O tratamento não surtiu efeito e o médico decidiu fazer-lhe uma cauterização, mais tarde, inclusive, uma sangria, seccionando-lhe veias acima das orelhas, para depois cauterizá-las novamente com o ferro em brasa. Todo aquele suplício ele suportava sem nada dizer ou reclamar.

Suas forças físicas diminuíam visivelmente, enquanto misteriosamente sua pujança espiritual crescia, de modo a completar aquela última viagem. E assim ele o fez, para depois retornar à Úmbria.

A primavera depressa cobriu de belezas as montanhas e vales da Úmbria, mas Francisco mantinha-se em estado grave de saúde. Hugolino, bastante preocupado, orientou-lhe consultar um célebre médico de Siena e o Irmãozinho Crucificado, bondosa e pacientemente o atendeu. Atravessou as colinas da Toscana e chegou à cidade para ser consultado. Em Bolonha foi recebido com veneração, mas repentinamente outra hemorragia preocupou em demasia os frades.

Temendo a morte do Irmão amado, chamaram o piedoso frei Benedito do Prado, a quem Francisco entregou a sua última mensagem aos filhos e aos frades de todos os tempos:

– Que em prova da contínua recordação de minha pessoa, de minha bênção, de meu testamento, eles se amem sempre como eu os amei e amo. Que amem sempre e observem a cara Pobreza, senhora nossa, e sirvam sempre com alegria e humildade os prelados em respeito à santa instituição.

No entanto, aquela ainda não era a hora da definitiva partida e todos os frades serenaram os seus corações.

Frei Elias foi chamado e ordenou que transportassem o adorado irmão Francisco até a cidade de Assis, e assim o fizeram; passaram por Arezzo, Celle di Cortona, Gubbio, Nocera e Satriano. Relatam os biógrafos de Francisco de Assis que a via direta através de Perúgia foi evitada, com receio de que lá o Irmão Crucificado perecesse e os peruginos se negassem a entregar-lhes seu corpo. Assis enviou uma escolta armada a Satriano, sob a proteção da qual Francisco chegou a Assis, onde foi acolhido no palácio do bispo.

Na casa nobre, em Assis, ditou mais algumas palavras que foram anotadas e guardadas como valiosíssimas relíquias. Todos cercavam o Amado do Cristo, desvelando-lhe todo carinho e cuidados. Francisco, vendo presente um amigo médico de Arezzo, Buongiovanni, perguntou-lhe:

– O que te parece, Benivegnate, esta minha hidropisia?

O médico respondeu evasivamente.

– Ficarás bom, Paizinho, se Deus quiser!

Contudo, Francisco desejou ter uma resposta mais objetiva e insistiu, ao que o médico respondeu:

– Segundo a arte da medicina, a tua doença é incurável meu pai; acredito que o organismo físico não suportará até outubro.

Francisco, assumindo uma feição transfigurada em sublime espiritualidade, levantou as mãos para o alto e exclamou: "Ó bem-vinda sejas minha irmã Morte!"

Com a enfermidade acentuada, um dos frades enfermeiros perguntou-lhe infinitamente compadecido:

– Paizinho, como suportais tamanho martírio? – ao que o Irmão respondeu serenamente:

– Meu filho, agora como no passado, o que é mais doce, mais agradável, é aquilo que Deus o Senhor de todas as coisas me envia. Eu as aceito resignadamente.

Muitos lhe pediam a bênção, inclusive frei Elias, que tantas controvérsias trouxera a fraternidade. Francisco humildemente impôs a mão sobre a sua cabeça e augurou:

– Abençôo-te o quanto posso, irmão Elias. O que não posso fazer, que o Todo Poderoso o faça por ti.

E, dirigindo-se aos demais, continuou:

– A vós todos, meus amados filhos, adeus. Conservai-vos sempre no amor de Deus e a Ele unidos pelas graças espirituais. Duras provações vos estão reservadas, uma grande tribulação vos espera, mas nada temais! Bem-aventurados aqueles que perseverarem no que começaram! Dificuldades hão de sobrevir e muitos serão arrancados de nosso meio, mas não desanimeis! Agora parto para a minha morada verdadeira, e espero estar logo em presença d'Aquele a quem servi de todo meu coração.

Expressando o desejo de ser levado à adorada capela da Porciúncula, depressa foi transportado e, no transcurso, aspirava profundamente os perfumes da amada Assis de sua infância, pela última vez em corpo físico. Passavam vertiginosamente em sua mente todos os importantes eventos vividos em sua cidade natal nos tempos da juventude que marcaram decisivamente a sua vida futura: o doce convívio com a mãe, alma cristianizada e nobre; a saída para a guerra entre Assis e Perúgia; o cárcere em Perúgia no qual eclodiram os acontecimentos metafísicos chamando-o para uma vida santificada em Cristo; a entrega das roupas e do nome a Pedro Bernardone, em frente de toda cidade; a saída para a guerra da Apúlia e o pernoite em Spoleto, ocasião em que acolheu contritamente o chamado do Cristo Jesus para segui-Lo; a colheita magnífica dos primeiros frades; as primeiras pregações e, naquele momento, as dolorosas despedidas.

– Ó Assis, Assis adorada, berço e túmulo, ilusão e verdade, queda e triunfo! Paradoxal cidade de minha vida! Amar-te-ei eternamente! – murmurava baixinho.

Assis dos apegos tolos da juventude irresponsável à superlativa e arrebatadora crucificação em Jesus Cristo! Quanto amor o Pobrezinho sentia pela pequena cidade naquela hora de sagradas despedidas. No entanto, morrer na querida capelinha de Santa Maria dos Anjos, na Porciúncula, era o seu mais precioso anelo e para lá os frades o encaminhavam, como soldados do Cristo, numa solene marcha, levando o Irmão Crucificado, vitorioso ante os desafios dos vinte anos de abençoados labores.

Embora muito a contragosto os assisenses, que em outros tempos o chamaram de louco e dele se riram, desejavam agora de toda maneira retê-lo em Assis, mas ante o santificado desejo do Pobrezinho de ir para Porciúncula, não puderam contestar.

Não existe maior triunfo na terra do que o coroamento, pelo sacrifício e pela constância no bem, nos deveres espirituais aos quais fomos chamados. Que maior vitória pode existir nos pisos terrenos? Que maior laurel do que a conquista de si mesmo?

22 – Retorno à Morada Eterna[241]

> Jesus é o mesmo, ontem, hoje, eternamente.
> Paulo (Hebreus 13,8)

> Eis porque o Evangelho nunca descreve o semblante do Senhor, pois o Evangelho todo é esse semblante.
> Dimitry Sergeyevich Marejkovsky [242]

O grupo de frades, profundamente genuflexo, carregava o seu caro tesouro rumando para a Porciúncula, quando o Irmão Crucificado, em meio do caminho, desejou parar na altura do hospital Crucigere. Prontamente os frades o atenderam, e, voltando então os seus olhos quase cegos para Assis, ainda uma vez a abençoou:

---

[241] O capítulo presente foi basicamente inspirado em determinados escritos do frei Ignácio Larrañaga: cap. "A Irmã Dor", p. 354; cap. "O Violino", p. 360; cap. "Noite Transfigurada", p. 364; cap. "Embaixador da Paz", p. 370; cap. "Adeus a Clara", p. 371. Particularmente, apreciamos o teor histórico-poético tocante de Larrañaga, dentre os muitos biógrafos, afinal, Francisco de Assis era também chamado 'O Santo Poeta'.

[242] *Jesus desconhecido*. Cap. X: "Seu Semblante no Evangelho", it. III, p. 319. Embora o argumento dialético de Merejkovsky, belíssimo, na obra citada, seja o Jesus desconhecido atrás das letras, ele exalta o documento apócrifo tardio, do século XI ou XII, a *Carta do Senador Publius Cornelius Lentulus* como documento "extremamente precioso e que melhor nos informa sobre as feições de Jesus Cristo". No capítulo IX, "Seu Semblante na História", it. XXII, pp. 314 e 315, ele o descreve textualmente.

– Ó meu Deus, Assis outrora era uma cidade sem Deus, agora lhe mostraste a Tua graça e fizeste-lhe misericórdia em admirável abundância. Sê bendita de Deus, ó cidade de Assis! Muitas almas serão salvas por ti, em ti permanecerão muitos servos do Altíssimo e muitos serão eleitos para o Reino de Deus. A paz seja contigo, amada Assis!

Em seguida, o cortejo continuou se encaminhando para a capela da Porciúncula, quando Francisco decidiu dar o último adeus à irmã Clara e às damas pobres, pensando em passar com elas alguns dias. Solicitou, assim, que o levassem a São Damião.[243]

Irmã Clara esteve presente naqueles momentos cruciais, cobrindo de santificada solicitude o amado Paizinho, abrigando amorosamente o Irmão Crucificado numa choça construída ao lado da ermida de São Damião. Dos cinquenta dias que lá premaneceu, trinta foram no rústico abrigo carinhosamente construído por Clara.

Nos dias em que o Irmão Crucificado lá permaneceu, pareceu renascer... mas em quase todas as noites os achaques caíam sobre ele como uma matilha de lobos vorazes, e nos amanheceres exclamava a frei Leão: "O clarear do dia é um ósculo divino!"

– Estou crucificado à dor que me devora como um lobo faminto – desabafava ao coração piedoso de Clara, sentindo enorme consolo ao fazê-lo.

– Paizinho, tu nos falaste tantas vezes do Cristo Crucificado...

Francisco, ao ouvir aquelas palavras, acordou como que despertando de um sono profundo.

– Irmão Leão – falou Francisco suavemente –, doravante, se ouvires alguma queixa de meus lábios, não a anotes! Como pude me esquecer dos sofrimentos do Cristo? Como pude olvidar a sua renúncia e entrega completa? Escreve, frei Leão: bemaventurado o homem que a dor o surpreende armado de amor e fé!

– O que podemos fazer, irmão Leão? O que posso eu fazer por ele? Deixar-me-ia ele limpar e enfaixar as ulcerações? Para mim seria o maior privilégio da vida – indagou Clara, sussurrando ao retirar-se com Leão a passos leves do pequeno quarto.

– Ó Irmã Clara, o nosso Paizinho é muito ciumento de seus segredos com Deus. Muitas vezes me disse: "Pobre o homem que não possui segredos com Deus".

---

[243] Larrañaga, Ignácio. *Opus cit.* Cap. "A Irmã Dor", p. 355.

– Irmã Clara, não vejo nada! Não vejo nada, nem uma sombra! É noite ou é dia?

Rapidamente retornaram à presença do irmão moribundo de almas opressas, vendo-o com os olhos vermelhos e inflamados muito arregalados. Testificaram que Francisco perdera, naquela hora, completamente a visão...

– Estou aqui, Paizinho! – respondeu a dama com os olhos marejados de pranto, deixando as gotas sagradas verterem através de sua face alva e angélica.

– Irmã Clara das andorinhas! O vôo das andorinhas!

– Que queres dizer, Paizinho? – perguntou a irmã de alma compungida.

– Quando eu era jovem, irmã Clara, e estava reformando estas paredes, sentava-me no claustro de São Damião e passava horas admirando o vôo das andorinhas... Suas acrobacias alegres, as maravilhosas piruetas em rapidez de relâmpago estremeciam-me... Que espetáculos presenciaram aqui no vôo das avezinhas. Ei-las de volta! Meus olhos físicos não mais as podem enxergar, mas os do espírito as vislumbram em muito maior beleza! Quantas vezes, no decurso da minha vida, desejei vir a São Damião vê-las novamente!

Clara despediu-se com a face orvalhada do mais sagrado pranto, para retornar mais tarde à presença do Irmão Crucificado com panos limpos, ervas medicinais, diversos remédios experimentados por ela mesma em suas enfermas e um caldo quente.

Francisco, que se preparava para retornar à Porciúncula em poucos dias, abençoou Clara, colocando a mão ferida em sua cabeça e assim permaneceu por alguns minutos, depois invocou a assistência de Deus para ela. Um ardor espiritual intenso, um fogo divino que queimava sem se ver, uma superpotente energia envolvia aquelas duas almas vinculadas pelo amor verdadeiro, perene. Como existiria Francisco, sem Clara? Como desabrocharia Clara, sem Francisco?

Ao senti-la partir, voltou a frei Leão com palavras tangidas de funda espiritualidade, como se já vivesse em dois planos distintos:

– Não te admires do que vou dizer, irmão Leão, e escreve: Ó a mulher! A mulher é o mistério mais excelso da terra e de Deus. Elas sentem o cheiro da morte, Cordeirinho, pois são as doadoras da vida com o Criador. As mulheres nasceram para dar a vida e, onde ronda a morte corporal ou espiritual, desde os tempos mais remotos, elas tiram energia para defender seus filhos como feras. Ah a mulher! Sem ela a vida se extinguiria, a ternura e a beleza se findariam!

"A mulher, irmão Leão, está em constante contato com a terra e a vida, e não te assustes com o que vou te dizer, e escreve: Deus por ser fonte de vida, está mais perto da mulher e ela mais perto de Deus. Sem o saberem, elas são um pouco a verdadeira efígie de Deus. Lembro da grande senhora que foi minha mãe... e não te escandalizes com o que vou dizer, e continues escrevendo. Desde que conheci os mares profundos de minha mãe, dona Pica, sinto sempre a tentação de chamar Deus de Mãe.[244]

Desejoso de passar seus últimos momentos na querida capela da Porciúncula, pediu que o levassem, despedindo em lágrimas incontidas de Clara e das damas pobres.

Na Porciúncula, acomodaram o doce martirizado e, nos dias finais de sua existência, o Irmão ditou aos seus filhos o testamento com os princípios da fraternidade que sempre protegeu com todo fervor, como mãe mui zelosa, e que sintetizava tudo aquilo que lhes ensinara pelo exemplo.

Ao aproximarem-se os festejos de são Miguel, pediu que mandassem um mensageiro até a querida irmã de Roma, frei Jacoba, alma cara de sua alma, que sempre lhe dispensara todo auxílio e carinho. Chamava-a carinhosamente 'frei', porque nessa condição a dama possuía livre acesso ao mosteiro, interdito às mulheres, e por considerá-la um de seus filhos amados da fraternidade. Na mensagem, pedia que a amiga, a quem estimava com as veras de seu ser, trouxesse o que fosse necessário para o seu funeral e, como era costume à época, pano cinzento para envolver o corpo, um lenço para o rosto, uma almofadazinha para a cabeça, círios e alguns doces de amêndoas para honrar o corpo que o serviu, na sua própria expressão: "para que o corpo tivesse a sua parte das delícias da alma".

Ó grandiosa surpresa, antes mesmo que o mensageiro partisse para Roma, a nobre dama Jacoba de Settesoli chegava à Porciúncula com um de seus filhos, e o mais extraordinário ainda estava por vir:

---

[244] Larrañaga, Ignácio. *Opus cit.* Cap. "O Violino", p. 361, § 4.

FRANCISCO DE ASSIS, O ALTER CHRISTUS | 203

a senhora romana trazia tudo o que o Paizinho havia solicitado! Ó milagres do amor! Ó misterioso enigma que une as almas afins, contrariando o espaço e o tempo! Frei Jacoba revelou ao adorado Irmão Crucificado no amor inacabável que o Senhor a avisara em sonho[245] e pedira-lhe para partir.

A senhora cuidou desveladamente do Pobrezinho em seus últimos dias de vida, e ela foi a única mulher a quem ele permitiu ver as suas chagas, muito cioso era de seus segredos com Deus, o que fê-lo afirmar sempre: "Pobre o homem que não possui mistérios com o seu Senhor", referência que frei Leão anotou para a posteridade.

– Eu, o insignificante frei Francisco, queria imitar a vida e a pobreza de nosso Altíssimo Senhor Jesus Cristo e de sua casta Mãe, e assim perseverar até a morte. Peço-vos, minhas irmãzinhas, e exorto-vos fidelidade a essa pura vida de pobreza, sem jamais dela vos afastardes.

Naqueles instantes finais, ele ditou uma carta de adeus à irmã Clara e suas companheiras, às quais amava desmesuradamente em Cristo Jesus:

Entardecia no dia três de outubro do ano 1226 e, sentindo o caricioso beijo da irmã Morte, chamou os seus frades mais próximos – Leão, Ângelo, Masseo e Rufino – e pediu-lhes que o despissem:

– Irmãos queridos, nu cheguei a este mundo acolhido pela generosidade da mãe Terra; nu tomei nos seus braços uma das mais solenes e felizes decisões de minha vida: desposar a dama Pobreza. Por isto, desnudo desejo nela repousar antes de retornar para à morada verdadeira.[246]

Os quatro mais antigos frades e amigos, sustentando heroicamente a emoção que parecia arrebentar em seus corações, colocaram-no delicadamente ao chão, como era de seu desejo. O corpo muito ferido e inchado, já pálido, encontrava-se martirizado pelas duras penitências e enfermidades. Era toda uma contemplação de grandeza espiritual de comover as pedras. Os irmãos deixavam as lágrimas escorrerem sem controle.

Francisco, sentindo uma gratidão infinita pelas frutuosas duas décadas de serviços infatigáveis ao Cristo, deitado sobre o chão da terra generosa, desejou fazer uma última oração de agradecimento:[247]

---

[245] O que na doutrina espírita chamamos pré-cognição.
[246] Larrañaga, Ignácio. *Opus cit.* Cap. "Apaga-se o Fogo", p. 390.
[247] *Idem.* P. 391.

– Irmã e Mãe Terra, hoje dormirei em tuas generosas entranhas para acordar na vida eterna e imutável. Mas, antes de meu derradeiro sono, mãe querida, escuta o cântico de meu coração eternamente agradecido.

E, de olhos fechados, agradecia:

"Agradeço-te, irmã e mãe Terra, por teus diáfanos rios, ribeirões e nascentes com os quais dessedentais a sede dos peregrinos e dos pobres.

"Agradeço-te, irmã e mãe Terra, pelas altas montanhas solitárias, minhas casas preferidas, e pelas grutas e cavernas onde se abrigam das intempéries, da neve e das chuvas, os peregrinos em suas andanças pelo Evangelho.

"Agradeço-te, irmã e mãe Terra, por tuas pederneiras que nos iluminam com o fogo, nas noites solitárias, o mesmo fogo que nos resguarda do frio e cauteriza-nos as feridas.

"Agradeço-te, irmã e mãe Terra, pelas monções, pelas estações, pelos ventos, pelas flores e frutos... Por todos os pomares e olivais, vinhedos e trigais que são especialmente palco dos milagres de Deus.

"Agradeço-te, irmã e mãe Terra, pelo teu contubérnio maternal e por me receberes no berço de meu último sono."

Os frades entoam o *Cântico do Irmão Sol* com as faces esfogueadas de tanto pranto... O Irmão Crucificado, aos quarenta e cinco anos, depois de uma existência fertilíssima em Cristo, foi se apagando como um círio espiritualmente humanizado. Sua voz, cada vez mais débil, entretanto, expressava a seiva de mil sinfonias celestes e clarins anunciando uma nova aurora! Sua face já estampava um brilho de inacabável transcendência, e seu corpo, num fantástico misto do humano e do divino, promulgava mais do que nunca a sua metafísica condição de o *Alter Christus* – o Outro Cristo.

Começou a se despedir de um por um, como uma mãe amorosa na iminência de deixar seus filhinhos. Quando chegou a vez de frei Leão, sua voz impregnou-se de maior doçura:

– "Irmão Leão, camarada fiel de mil batalhas, secretário e enfermeiro, minha mãe de tantas jornadas, eu me despeço! Perdoa-me por haver te arrastado através de caminhos pedregosos, em nossas andanças cavalheirescas por Cristo. As palavras humanas são insuficientes para

Francisco de Assis, o Alter Christus | 205

expressar a gratidão que sinto por ti. Eu te abençôo mais do que posso. E vou te esperar, de pé, embaixo do grande arco da eternidade.[248]

O espírito especialíssimo que animou aquela experiência reencarnatória com o nome de frei Leão sobreviveu a Francisco de Assis quase quarenta anos e sofreu grandes incompreensões e perseguições pelos intelectuais e ministros da ordem, padecendo açoites e prisões. Aliás, ainda quando junto a Francisco anteviu todos estes sofrimentos futuros e os confiou ao Paizinho.[249] Não hesitamos em afirmar que irmão Leão, em todos os momentos cruciais após o desencarne de Francisco, recordar-se-ia das palavras deixadas pelo *Poverello di Dio* certa feita: "A pérola mais preciosa e rara da coroa de luz de Jesus Cristo chama-se paciência".[250]

As lágrimas eram incontidas nos olhos de todos e arrebentavam quais cascatas sublimes; a dor de não mais ter o Irmão Crucificado entre eles era tremenda.

Um frade abriu o Evangelho, na Paixão de Cristo, e começou a ler, enquanto o entardecer resplendia em filigranas de ouro nos cimos dos Apeninos e a terra silenciava solenemente, numa reverência transcendental. Os frades entoavam o *Cântico do Irmão Sol*, que reverberava pelo bosque, magistralmente, invadindo a floresta e chegando a Assis.

Depois do Cristo, o Pobrezinho era a maior manifestação já expressa, em forma humanizada, de reconciliação do homem com o divino, da matéria com o espírito.

– Frei Leão! – balbuciou ele.

– Sim, Paizinho, sou todo ouvidos – respondeu o frade soluçante.

– Chegou a primavera subitamente, que espetáculo! Quantas flores, quantos perfumes, que delirantes trinados de mil pássaros, irmão Leão!

– Não, Paizinho! Estamos nos primeiros dias do outono – responde Leão com imenso carinho.

– Não, irmão Leão, é primavera! A brisa cariciosa beija-me a face com mil carícias e inesperadamente meus olhos voltam a enxergar! Vejo o mais belo dos paraísos, estuante em plena colorida primavera! Que inexplicável alegria, que encanto, que grandiosa misericórdia

[248] *Idem. P. 392.*
[249] *Idem. Cap. "A Paciência de Deus", p. 343.*
[250] *Idem. P. 344.*

de Deus, Cordeirinho meu! Escuta! Jesus, o Sublime Crucificado, veio buscar-me e estende-me a mão casta. O meu Pai, em pessoa, frei Leão, conduzirá meus passos de volta ao meu verdadeiro lar! Preciso ir, Cordeirinho de Deus, não posso deixá-lo esperar. Os portais se abrem e tudo é admiravelmente majestoso! Deus os abençoe abundantemente no cumprimento dos deveres. Adeus, frei Leão, adeus Cordeiro de Deus!

Com um sorriso divinal nos lábios, a face profundamente pacificada e os olhos desmesuradamente abertos, como a divisar paisagens célicas, o Irmão Crucificado silenciou para sempre no corpo físico, enquanto uma revoada de cotovias enchia os ares com seus chilreados.

Os frades observaram o corpo imantar-se de brilhante alvura. O rosto de Francisco era o de um anjo, os membros se conservaram macios e flexíveis e os estigmas chamejaram como escuras gemas preciosas sobre o alvo linho. Os irmãos recitavam os versos escritos pelo Irmãozinho Martirizado, entre lágrimas de imenso pesar:

Louvado sejas, meu Senhor,
A Ti todo louvor,
Porque nos deste a nossa irmã Morte,
A inevitável morte corporal.
Infeliz o que morre na má sorte
Do pecado venal.
Ao que morre feliz em Tua graça,
Nunca a outra morte há de causar desgraça.
Louvai e bendizei todos ao nosso Senhor;
Louvai-O e agradecei-Lhe com amor
A infinita bondade,
E, cheios de humildade,
Louvai e bendizei ao nosso Senhor!

Amanhecendo, os habitantes de Assis vieram e a notícia já corria distante. Todos vinham com palmas e flores nas mãos, lágrimas nos olhos e com cânticos nos lábios que evolavam de seus corações agradecidos.

O corpo de Francisco foi levado para a cidade. Contudo, interromperam a marcha em São Damião para que as damas da pobreza, mui dolorosamente, pudessem se despedir. Clara chorava copiosamente e pela primeira vez pôde admirar as chagas do Amado Crucificado, às quais beijou reverentemente. Clara o amava com toda potência de sua alma ímpar, com toda pureza de seu coração todo cristianizado.

As irmãs oraram e cantaram hinos e, em seguida, os frades prosseguiram com o cortejo. As portas de São Damião nunca mais se abririam para dor maior do que aquela.

O corpo de Francisco de Assis jazeu algum tempo na igreja de São Jorge, num humílimo túmulo, por Jesus Cristo santificado, até ser transladado para um enorme monumento, pelos homens celebrado, o qual as homenagens do mundo cristão exaltariam perpetuamente.

> Francisco, aquele que renunciou a toda e qualquer glória que não tivesse o sabor do Cristo; assim feriu com um eterno anátema os favores dos homens. Verdadeiro arauto do Evangelho, dintinguiu-se aos olhos de todos nos caminhos da humildade. Sobre os alicerces que o Cristo lhe deu a conhecer, construiu o seu edifício espiritual (...) era humilde no exterior, mais humilde em espírito, e o mais humilde em julgar-se a si mesmo. Não se distinguia que esse missionário do Cristo era prelado, senão por faiscante jóia, a saber: o menor entre os (frades) menores.[251]

Os homens, de todos os tempos em maioria ajuizam que:

> Não há tributo mais pesado do que o da morte. Contudo, todos o pagam e ninguém se exime ou se queixa; porque é tributo de todos. Se uns homens morrem e outros não, quem levou em paciência esse rigoroso penhor de imortalidade? Mas a mesma razão que a estende (que faz com que a morte se torne imortal para alguns) a fa-

---

[251] Felder, Hilarino. *Os ideais de são Francisco*. Cap. VIII, p. 198.

cilita (no esquecimento para outros); e porque não há privilegiados, não há queixosos.[252]

Fazemos aqui nossa azada leitura das palavras de Antônio Vieira (a princípio complexas para o entendimento): somente quem leva a vida em paciência crística, em amor incondicional no serviço aos semelhantes, suportanto e renunciando, mantendo a paz em todas as circunstâncias, de tal modo se agiganta e se perpetua por seus próprios feitos que a própria morte o torna imortal! Eis a imortalidade de Francisco de Assis! Vivo, estuante em fraternidade, em paz e amor, em graça e beleza espirituais!

---

[252] Vieira, Antônio. *Opus cit.* It. IV, p. 156, Lello e Irmão Editores.

23 – Oração de São Francisco

Senhor,
Fazei-me um instrumento de vossa paz.
Onde houver ódio, que eu leve o amor;
Onde houver ofensa, que eu leve o perdão;
Onde houver discórdia, que eu leve a união;
Onde houver dúvida, que eu leve a fé;
Onde houver erro, que eu leve a verdade;
Onde houver desespero, que eu leve a esperança;
Onde houver tristeza, que eu leve a alegria;
Onde houver trevas, que eu leve a luz.
Ó Mestre,
Fazei que eu procure mais consolar, que ser consolado;
Compreender, que ser compreendido;
Amar, que ser amado,
Pois é dando que se recebe,
É perdoando que se é perdoado
E é morrendo que se vive para a vida eterna.

[Francisco de Assis] continua a viver como arquétipo nas mentes e nos corações das pessoas e de muitos movimentos culturais: na não violência, na fraternidade universal, na jovialidade, no amor aos animais e na ecologia, expressões importantes da busca espiritual da cultura de nossa época.[253]

A *Oração da Paz* ou *Oração de São Francisco* não provém da pena do Francisco histórico, embora seja a ele atribuída, no entanto, proveio da transcendência pacífica e pacificadora, amorosa e humilde, de Francisco de Assis imantada no éter do planeta Terra.

Cantada, recitada ou em homilias, a *Oração da Paz* está nos lábios de aderentes das mais diversas religiões, dos mais simples aos mais eruditos.

A bela oração atribuída a Francisco de Assis, na realidade surgiu no ano 1913, na Normandia, França, através de um periódico, e sem referência de autoria. No entanto, ela se tornaria muito popular a partir de 20 de janeiro de 1916, quando foi publicada no *Osservatore Romano*, órgão oficioso do Vaticano. Cerca de uma semana depois, foi também publicada num conhecido diário católico francês chamado *La Croix*, quando estrugia a Primeira Grande Guerra Mundial.

Em toda parte do planeta e através de diversos credos religiosos faziam-se orações pela paz no mundo, e um dia a oração chegou ao cerne da religião católica, em Roma. As dioceses católicas mandavam imprimir várias orações pela paz e aquela atribuída a São Francisco de Assis estava entre elas.

O fundador do seminário *Souvenir Normand*, marquês de la Rochetulon, enviou ao papa Bento XV várias orações pela paz, nessa ocasião turbulenta na esfera terrena, não se sabendo se eram de sua autoria ou colhidas em toda parte. A *Oração da Paz* ou *Oração de São Francisco*, assim chegou ao papa, e isso se comprova porque existe um bilhete do importante cardeal Gasparri agradecendo ao marquês de La Rouchetulon em nome de Bento XV. A oração terminou sendo introduzida na igreja desde o final do século XIX.[254]

Verdadeiramente, conforme afirmou o respeitável teólogo Leonardo Boff, a imanente paz do Poverello sempre esteve associada a muitos elementos ao redor dos homens de todas as gerações, desde a con-

---

[253] Boff, Leonardo. *A oração de são Francisco, uma mensagem de paz para o mundo atual*. Cap. "São Francisco Vive Ainda Entre Nós", p. 12.

[254] *Idem*. Cap. "Como Surgiu a Oração de São Francisco", p. 15.

vivência harmoniosa com a natureza, ao respeito e preservação dos animais, da opção pela vida bucólica, aos recolhimentos espirituais. O franciscanismo está principalmente presente no que se refere a um estilo de vida modesto, sem consumismo, natural; na alimentação, no vestuário, nas moradias, aliás, o que está em voga no presente século XXI, mais do que em qualquer outro. Verdadeiramente está em moda o estilo bucólico franciscano, restando somente que essa vivência migre do exterior para o interior dos homens, da periferia para o cerne, do corpo para o espírito.

Nada obstante, Francisco de Assis deixou fidedignos escritos de seu próprio punho: o seu testamento, cartas aos frades, as *Admoestações* etc. Destas últimas, desejamos resgatar a admoestação de número 27, uma oração pela paz genuinamente escrita por ele:

Onde há amor e sabedoria, não há medo nem ignorância.
Onde há paciência e humildade, não há ira nem pertubação.
Onde há pobreza e alegria, não há cobiça nem avareza.
Onde há paz e oração, não há desassossego nem dissipassão.
Onde o amor de Deus guarda a casa, o inimigo não encontra portas.
Onde há misericórdia e discrição, não há excesso nem dureza de coração.

Transcrevemos, igualmente, a tocante e inspirada oração do célebre frei Egídio de Assis, que até avançada velhice foi um exemplo fidelíssimo do franciscanismo primitivo:

Se amares, serás amado;
Se venerares, serás venerado;
Se servires, serás servido;
Se tratares bem os outros, serás também bem tratado.
Entretanto,
Bem-aventurado aquele que ama sem ser amado,
Bem-aventurado aquele que venera sem ser venerado,
Bem-aventurado aquele que serve sem ser servido,
Bem-aventurado aquele que trata bem a todos sem ser bem tratado.[255]

---

[255] *Idem*. Pp. 20 e 21.

Apêndice

Se repartires teu pão com o esfaimado e saciares aquele que tem fome, tua luz brilhará na escuridão e tuas trevas serão como o meio-dia. Se repartires teu pão com o faminto, tua luz surgirá como a aurora e tua justiça caminhará diante de ti

Isaías 58,7-8

1 – Mal Pensar[256]

O irmão Francisco, quando estava severamente acometido de estranha enfermidade nos olhos e quase nada conseguia enxergar, partiu em visita ao convento onde vivia frei Bernardo para com ele falar das coisas divinas. Chegando ao convento, informaram-lhe que Bernardo se encontrava na floresta em oração, completamente enlevado em Deus. Francisco, então, foi até a floresta onde ele estava chamando-o: "Vem, irmão, e fala a este cego". Contudo, frei Bernardo não lhe respondeu, pois estava em transcendente desligamento do corpo.

O Pobrezinho sem nada ouvir, depois de algum tempo, chamou-o novamente e por uma terceira vez, mas frei Bernardo não respondia. O Irmão partiu desconsolado e lastimando intimamente pelo fato de Bernardo, chamado por três vezes, não lhe ter respondido.

Absorto nesses pensamentos, entristecido e intrigado com a atitude de Bernardo, Francisco se afastou, suplicando ao seu companheiro que o aguardasse. Recolheu-se num local resguardado e colocou-se em contrita oração, rogando a Deus que lhe desvendasse por que frei Bernardo não lhe havia respondido, porque não lhe queria falar. Subitamente uma voz lhe falou: "Ó pobre homenzinho, por que estás perturbado? Deve o homem deixar Deus pela criatura? Frei Bernardo, quando o chamaste, estava junto de mim e, portanto, não podia vir ao teu encontro, nem te responder; não te admires, pois, de que ele não te pudesse responder; porque estava tão fora de si que de tuas palavras nada escutou." Diante daquela revelação, o Irmão, imediatamente e com grande pressa, retornou à floresta para acusar-se humildemente do pensamento que tivera contra irmão Bernardo.

Chegando à floresta, foi logo saudado pelo frei humilde, que, quando o viu caminhar em sua direção, foi-lhe também ao encontro, lançando-se aos seus pés. O irmão Francisco fê-lo levantar-se e contou-lhe com enorme submissão o pensamento que tivera contra ele. Assim rogou a Bernardo:

---

[256] *Os Fioretti de São Francisco.* Fioretti significa de forma literal 'florezinhas', contudo, referem-se aos escritos, em italiano antigo do século XIV, a partir da tradição oral, sobre os fatos, casos, passagens, eventos espirituais e exemplos de vida de Francisco de Assis e os seus frades. *Os Fioretti* refletem o modo de viver dos frades no século XII e revelam acontecimentos passados no cotidiano de Francisco, Clara de Assis e os frades menores. *Os fioretti de são Francisco.* Cap. 3..

– Ordeno-te, pela santa obediência, que faças o que eu te mandar.

Frei Bernardo, receando que o irmão lhe ordenasse algo demasiado para as suas pobres forças, como costumava acontecer, desejou discretamente esquivar-se desta obediência, respondendo:

– Estou pronto, irmão Francisco, a obedecer se me garantires fazer o que eu igualmente te ordenar.

Empenhando a promessa com o menear da cabeça, fez com que frei Bernardo então confirmasse:

– Ora, dizei, Pai, o que queres que eu faça?

– Ordeno-te, frei Bernardo, pela santa obediência, que, para punir a minha presunção e ousadia, quando eu me deitar de costas no chão, me ponhas um pé na garganta e outro na boca e assim passes sobre mim três vezes, envergonhando-me, censurando-me e especialmente dizendo-me: "Jaz para aí, vilão filho de Pedro Bernardone; de onde te vem tanta soberba, vilíssima criatura que és?"

Ouvindo isto, embora lhe custando muito, fez por obediência aquilo que o Paizinho muito amado lhe mandara, entretanto, o mais delicadamente que pôde.

– Agora me ordena o que queres que eu faça, porque te prometi obedecer – disse Francisco, ao que Bernardo suplicou:

– Ordeno-te pela santa obediência que, todas as vezes que estivermos juntos, me repreendas e corrijas asperamente os meus defeitos.

Francisco quedou-se maravilhado, pois Bernardo era alma de tantas virtudes que ele não o reputaria jamais de defeito algum; doravante, Francisco evitaria estar muito com o irmão a fim de não pronunciar qualquer palavra de correção contra ele, pois o considerava detentor de muitas virtudes.

Entretanto, quando sentia vontade de vê-lo ou de ouvi-lo falar de Deus, não refreava o desejo, partia o mais depressa possível. Sempre foi motivo de alegria para os frades observar a carinhosa reverência de pai Francisco com frei Bernardo, seu filho primogênito.

2 – O Anjo[257]

Recuando ao tempo da fundação da ordem, quando havia poucos irmãos e não existiam locais estabelecidos para a fraternidade, Francisco

---

[257] *Os fioretti de são Francisco.* Cap. 4.

partiu para Santiago de Galícia levando consigo alguns irmãos, entre eles frei Bernardo. Seguindo juntos pelo caminho, encontraram caído por terra um pobre enfermo do qual tiveram muita compaixão, o que fez com que Francisco rogasse a frei Bernardo: "Filho, quero que fiques aqui servindo a este enfermo". Bernardo ajoelhou-se humildemente e, recebendo a incumbência do querido pai, ali ficou naquele lugar enquanto ele e os outros companheiros seguiram para Santiago.

Os frades ao chegarem à ermida de Santiago de Galícia prostraram-se em orações durante a noite inteira. Naquele momento foi revelado espiritualmente a Francisco que ele deveria fundar congregações cristãs pelo mundo, desse modo, ali mesmo o Irmão começou a estabelecer uma fraternidade.

Retornando pelo mesmo caminho, encontraram Bernardo junto ao enfermo, que estava completamente curado. No ano seguinte, Bernardo foi sozinho a Santiago, assim Francisco regressou ao vale de Spoleto lá se recolhendo num lugar deserto em orações. Com ele foram: frei Masseo, frei Elias e alguns outros frades, os quais tinham grande zelo pelos recolhimentos do Paizinho e jamais o perturbavam.

Aconteceu que um dia, estando Francisco em oração na floresta, um peregrino, jovem e muito belo, bateu à porta do mosteiro com tanta afobação e força que os frades ficaram muito espantados. Frei Masseo o atendeu, perguntando:

– De onde vens tu, filho, que pareces nunca ter vindo aqui, batendo de modo tão desusado? – ao que o jovem contrapôs:

– E como é que se deve bater?

Frei Masseo respondeu pacientemente:

– Bate-se por três vezes, uma após outra, e devagar; depois espera que o irmão tenha rezado um pai-nosso e venha abrir, e, se durante esse tempo ele não vier, bate, outra vez.

O jovem acrescentou ainda:

– Tenho grande pressa, e bati com tanta força, porque tenho que fazer uma longa viagem e vim falar com o irmão Francisco; mas por estar agora em contemplação na floresta, não o quero incomodar. Vai e chama-me frei Elias, pois quero lhe fazer uma pergunta, sei que ele é muito sábio.

Estupefato, frei Masseo procurou irmão Elias, dizendo que atendesse o jovem. Elias escandalizado não quis ir; deste modo frei Masseo não soube o que fazer, nem o que responder ao rapaz, porque se dissesse; "Frei Elias não pode vir", estaria mentindo; se dissesse "ele está muito irritado e não quer vir", receava dar ao jovem um mau exemplo.

Como frei Masseo demorou a voltar, o jovem bateu outra vez, como antes, fazendo frei Masseo retornar à porta às pressas e dizer ao jovem:

– Vejo que não observaste o que te ensinei ao bateres.

Redarguiu o rapaz:

– Frei Elias não quis vir a mim, então vai e dize a frei Francisco que vim para falar com ele, mas, por não querer perturbá-lo em oração, mandei chamar frei Elias para se entender comigo, mas ele não veio. Dize-lhe que ordenes que frei Elias venha me atender!

Humildemente, frei Masseo foi ter com o irmão Francisco, algo confuso e sem entender que forças o faziam obedecer ao jovem. Aproximou-se do irmão, que orava na floresta com a face erguida para o céu, e deu-lhe conta dos acontecimentos. Francisco, sem mudar de lugar nem baixar o rosto, disse a frei Masseo:

– Vai e dize a frei Elias que, por obediência, atenda imediatamente ao jovem.

Frei Elias, ao receber a ordem de pai Francisco, através do irmão Masseo, muito a contragosto finalmente foi à porta. Contudo, bastante perturbado e com grande ímpeto e ruído abriu-a, dizendo ao jovem:

– Que queres? Dize de uma vez e sem demora!

O jovem de olhos brilhantes replicou:

– Cuidado, irmão, não te irrites, como pareces estar, porque a ira tolhe o espírito e não te deixa discernir o falso do verdadeiro, o humano do divino!

Frei Elias, irritado, continuou:

– Dize logo o que queres!

– Eu te pergunto se àqueles que observam o Evangelho é lícito comer o que se põe diante deles, conforme o que disse Cristo aos seus discípulos; e te pergunto ainda se é lícito a algum homem obrigar a qualquer coisa contrária à liberdade evangélica.

O frade respondeu com soberba:

– Sei bem disto, mas não te quero responder; cuida de teus negócios!

– Saberei melhor do que tu responder a esta pergunta – afirmou o belo jovem.

Então frei Elias, furioso, fechou a porta e retirou-se. Depois começou a pensar na pergunta do belo rapaz e a duvidar de si mesmo, não sabendo responder, pois, como sacerdote da ordem, tinha proibido, contra a ordem de Francisco, que qualquer frade da ordem comesse outros alimentos que não fossem vegetais; por essa razão a dita pergunta era expressamente para ele.

Considerando a audácia do jovem quando dissera saber responder à pergunta melhor do que ele, voltou à porta e abriu-a para saber do jovem a resposta, mas ele havia partido. Foi-se porque a soberba de frei Elias não o fez digno de falar com um anjo, um espírito benfeitor, pois aquele jovem não contava entre os viventes da terra.

Francisco, a quem tudo era por Deus revelado, voltou da floresta e com veemência, em alta voz, repreendeu frei Elias, dizendo:

– Mal fizeste, frei soberbo. Expulsaste de nós um enviado do Alto, que muito nos veio ensinar. Temo muito que a tua soberba te faça acabar fora da ordem. De fato, isso sucedeu conforme Francisco predissera, porque Elias morreu fora da fraternidade.

No mesmo dia e à mesma hora em que o espírito partiu, apareceu na mesma forma a frei Bernardo, que voltava de Santiago e estava à beira de um grande rio, e saudou-o dizendo:

– Deus te dê a paz, caro irmão!

Maravilhado, frei Bernardo, considerando a beleza do jovem e a saudação feita pacificamente e com semblante alegre, perguntou-lhe:

– Donde vens tu, bom moço?

– Venho do mosteiro onde vive Francisco e fui lá falar com ele; mas não pude porque estava na floresta contemplando as coisas divinas e não o quis incomodar. Dentre os frades, irmão Masseo me ensinou a bater na porta como fazem os irmãos, mas frei Elias, por não ter querido responder à questão que lhe propus, arrependeu-se depois e quis falar-me, mas não pôde. Fitando serenamente a frei Bernardo, perguntou:

– Por que não passas à outra margem?

Ao que replicou frei Bernardo:

– Porque temo o perigo pela profundidade das águas que vejo.

– Passemos juntos, não tenhas medo!

Assim falando, o espírito tomou-lhe pela mão e, num abrir e fechar de olhos, levou-o para o outro lado do rio.

Depressa frei Bernardo reconheceu que aquele era um enviado do Alto, prostrando-se com grande reverência e gáudio.

Chegando ao convento, avistou-se com os companheiros e narrou-lhes admirado o que acontecera. E todos confirmaram que, conforme dissera o Paizinho, aquele era o mesmo visitante do invisível que havia aparecido à porta do convento, no mesmo dia e na mesma hora.

3 – O Lobo de Gubbio[258]

No tempo em que Francisco esteve na cidade de Gúbio, apareceu no condado um lobo, terrível e feroz, que não somente devorava os animais como os homens, de modo que todos os citadinos estavam assomados de grande pavor, porque frequentes vezes o animal se aproximava da cidade. Os homens andavam armados quando saíam da cidade, como se fossem para um combate; caso o encontrassem sozinhos, tinham como se defender. O medo desse lobo chegou a tanto que ninguém tinha coragem de sair da cidade.

O Paizinho, tendo compaixão dos homens do lugar, quis sair ao encalço do lobo, mas os habitantes de Gubbio não o permitiram; mas sob fervorosa oração partiu da cidade com os seus companheiros, depositando a sua confiança em Deus. Francisco tomou o caminho que levava ao lugar onde o lobo se abrigava e eis que viu muitos cidadãos o acompanhando, pois desejavam ver aquele encontro. Quando o animal o avistou, veio ao seu encontro com a boca aberta, vociferando; e, chegando-se próximo a Francisco, ele o chamou a si e disse-lhe:

– Vem cá, irmão lobo, ordeno-te da parte de Cristo que não faças mal nem a mim nem a ninguém!

Assim falando, abençoou-o.

Coisa admirável! Imediatamente após o Pobrezinho tê-lo abençoado, o lobo fechou cessou de vociferar e, após o convite amoroso do Irmão, o animal mansamente aproximou-se como um cordeiro e se lançou aos pés de Francisco como morto, que assim lhe falou:

– Irmão lobo, tu perpetras muitos danos em Gubbio e grandes malefícios tens trazido destruindo e matando as criaturas de Deus sem a Sua licença; e não somente mataste e devoraste os animais, mas tiveste o ânimo de matar os homens feitos à imagem de Deus, pelo

---

[258] Os *fioretti de são Francisco*. Cap. 21.

que és digno de severa punição, como ladrão e homicida. Toda gente te exproba e murmura contra ti, e toda esta terra tornou-se tua inimiga. Mas eu desejo, irmão lobo, fazer as pazes entre ti e eles, de modo que tu não mais os ofenderás e eles te perdoarão todas as passadas ofensas, e nem homens nem cães te perseguirão mais.

O lobo, movimentando o corpo, a cauda e as orelhas e com a inclinação de cabeça, mostrava ter aceitado a proposta de Francisco. Então o Pobrezinho, cujo magnetismo era excepcional, disse:

– Irmão lobo, se for de teu agrado conservar a paz, prometo te dar continuamente o alimento enquanto viveres, através dos habitantes de Gubbio, para que não sofras fome, porque sei bem que foi por fome que fizestes tanto mal. Mas, ante essa concessão, desejo que me prometas não prejudicar a mais ninguém, nem homem, nem animal. Prometes-me isto?

O lobo, inclinando a cabeça, fez evidente sinal de que o prometia. Francisco ainda pediu ao animal:

– Quero que me dês amostra desta promessa, a fim de que todos possam confiar em ti – e estendendo a mão para receber o juramento, o lobo igualmente levantou a pata direita, dianteira, e domesticamente a pôs sobre a mão do Irmão, dando-lhe o sinal como podia. Finalmente, aos olhos atônitos dos habitantes de Gubbio, Francisco falou ao animal:

– Eu te ordeno, irmão lobo, em nome de Deus que venhas agora comigo sem medo e vamos concluir esta paz!

O lobo obediente foi com ele, como um cordeiro manso. O povo vendo aquilo se maravilhou e a novidade se espalhou por toda cidade. Toda a gente veio à praça para ver o lobo acompanhando docilmente o Pobrezinho. À frente de todos, pôs-se a pregar, dizendo:

– Meus irmãos preciosos, escutem: Deus permite tais acontecimentos para que todos despertem para os perigos inevitáveis da vida, maiormente os que arrastam os indivíduos aos umbrais das perdas espirituais, bem mais danosos do que a ferocidade de um lobo. Um animal enraivecido e esfaimado pode matar um corpo, entretanto, maior temor deve-se ter da boca do mal, destruidora e letal! Enquanto a multidão arma-se aterrorizada protegendo-se das garras de um animal, desarma-se o espírito, distraidamente, das garras dos vícios!

"Voltai, pois, ao Criador orando e vigiando constantemente, e Deus vos resguardará no presente da ferocidade de um animal com fome, mas, no futuro, dos abismos espirituais dos remorsos e das dores."

Concluindo o discurso, Francisco ainda arrematou:

– Ouçai, irmãos meus: o irmão lobo, que está aqui diante de vós, empenhou-me o compromisso de fazer as pazes convosco e não vos atemorizar mais, se lhe prometerdes dar o alimento necessário de cada dia. Como intercessor dele, asseguro que constantemente observará o pacto de paz.

O povo de Gubbio, numa só voz, prometeu alimentá-lo continuadamente. O Poverello, diante da cidade inteira, proclamou:

– Tu, irmão lobo, certificas cumprir o pacto de paz, e que não atacarás nem aos homens, nem aos animais e nem a criatura nenhuma? – e o lobo ajoelhou-se e inclinou a cabeça, com oscilações dóceis do corpo, da cauda e das orelhas, confirmando, quanto possível, observar o acordo. Falou ainda Francisco:

– Quero também que me mostres diante de todo povo essa fiança e que não me enganarás, pois intercedi por ti.

O animal, completamente envolvido pelo magnetismo do Fratello, colocou a pata direita na mão dele, como antes. Houve enorme exultação na cidade – pela pacificação do lobo e pelos dons espirituais de Francisco. Os homens e mulheres, velhos e jovens, começaram a agradecer a Deus, bendizendo ter-lhes mandado Francisco, que por seus méritos os havia ajudado.

O animal viveu dois anos em Gubbio; entrava pelas casas de porta em porta, como um cão domesticado, sem fazer mal a ninguém e sem ninguém o fazer mal. Foi alimentado carinhosamente pelo povo durante esses dois anos e jamais nenhum cão ladrava atrás dele.

Enfim, depois desse tempo, o irmão lobo morreu de velhice; pelo que os citadinos tiveram grande pesar, porque todas as vezes que o viam andando mansamente pela cidade, vinha-lhes a presença do irmão Francisco, coroada de meiguice e virtudes, e isso os fazia muito felizes.

4 – Os Estudantes de Bolonha[259]

Francisco certa vez rumou à cidade de Bolonha e todo o povo da cidade correu para vê-lo. Era tão grande a multidão que, com muita

---

[259] *Os fioretti de são Francisco.* Cap. 27.

dificuldade, o Pobrezinho pôde chegar à praça, que estava cheia de homens, mulheres, crianças e de estudantes, por ser Bolonha sede das grandes escolas acadêmicas. O Poverello subiu em lugar elevado para falar ao povo tudo o que a inspiração divina lhe ditava; e, discursando sobre o Evangelho tão magnificamente, mostrava a sua condição de verdadeiro arauto de Deus. Suas palavras divinamente auferidas pelos sagrados bens de seu coração convertido pareciam setas aguçadas que trespassavam as almas dos que o ouviam. Naquele momento e tocados pelas maravilhosas energias dimanadas da prédica, grande multidão se converteu ao Evangelho de Jesus Cristo.

Em meio ao povo, estavam dois estudantes da Marca de Ancona; um se chamava Peregrino e outro Riccieri, que também haviam sido tocados intimamente pela alocução de Francisco, mas, sobretudo, por suas elevadas vibrações. Assim sendo, chegaram-se a ele e disseram que queriam abandonar o mundo com seus apelos e fazer parte da fraternidade dos irmãos pobres. O Pobrezinho, possuidor de mediunidade superlativa, logo observou que aqueles corações eram predestinados por Deus à Ordem dos Frades Menores, devendo iniciá-los numa vida toda dedicada ao Cristo. Acolhendo-os com grande carinho e fervor, disse-lhes alegremente:

– Tu, Peregrino, seguirás dentro da ordem o caminho da humildade plena, e tu, Riccieri, servirás aos frades!

Foi por essa razão que frei Peregrino jamais desejou ser clérigo, mas leigo, ainda que muitíssimo culto e um grande canonista. Pelos grandes sacrifícios na humildade, chegou à grandíssima perfeição e albergou mais virtudes, de maneira que frei Bernardo, primogênito de Francisco, haveria de dizer um dia: "Frei Peregrino é um dos mais exímios irmãos de toda fraternidade". Quando frei Peregrino, repleto de preciosas virtudes, passou desta vida para a vida verdadeira, continuou a fazer muitos milagres, como aqueles que fizera antes de sua morte.

Frei Riccieri devotado e amorosamente serviu aos frades, vivendo sempre com grande pureza e humildade. Tornou-se muito familiar de Francisco de Assis e muitos segredos lhe revelava. Mais tarde foi ministro da província de Marca de Ancona, dirigiu-a por longo período com enorme serenidade e clarividência.

Deus lhe permitiu, num certo tempo, grande tentação à alma, pelo que, grandemente atribulado, somente se acalmava com jejuns e severas disciplinas, com muitas lágrimas e orações, diuturnamente. No entanto, era-lhe difícil afastar a obsessão, fazendo-o frequentes vezes prostrar-se em grande desesperação, porque se achava abandonado por Deus. Certa feita, estando em completa desesperança, como último remédio, resolveu ir a Francisco, meditando: "Se o Paizinho me mostrar uma boa e risonha fisionomia como de costume, crerei que Deus terá ainda misericórdia de mim; contudo, se não mostrar, será um sinal claro de que não me faço merecedor da ajuda de Deus."

O atormentado frei Riccieri demandou à presença de Francisco, quando soube que nesse tempo ele estava no palácio do bispo de Assis, gravemente enfermo. Pela mediunidade toda cristianizada, Francisco, antes mesmo de recebê-lo, soube da obsessão e desesperação que subjugavam frei Riccieri. Sem tardança convocou frei Leão e frei Masseo e lhes rogou:

– Ide ao encontro do meu filho caríssimo frei Riccieri, sem demora, e abraçai-o em meu nome. Saudai-o com muita alegria e dizei-lhe que entre todos os frades que vivem neste mundo eu o amo singularmente.

Os irmãos Leão e Masseo encontram-no no caminho e o abraçam terna e alegremente, dizendo que Francisco os tinha enviado. Tamanha consolação e doçura invadiram a alma de frei Riccieri que ele quase saiu de si. Agradecendo a Deus de todo coração, caminhou e chegou ao lugar onde Francisco estava hospedado e, ainda que gravemente enfermo, sabendo da visita de frei Riccieri, levantou-se e foi-lhe ao encontro, abraçando-o dulcíssimamente:

– Filho meu, caríssimo frei Riccieri, entre todos os irmãos que estão neste mundo, amo-te singularmente.

Dito isto, beijou-lhe a fronte e depois completou:

– Meu filho, esta provação Deus a permitiu para ganhares grande mérito; mas se não quiseres este prêmio, não a tenhas mais.

Extraordinárias palavras! Logo que Francisco as disse, subitamente fugiu-se toda obsessão, como se nada tivesse acontecido de perturbador em sua vida. O frade ficou enormemente consolado, pelos dons da grande alma de Francisco.

5 – Diferente Pregação[260]

Frei Rufino, pelas constantes contemplações, tão absorto se quedava em Deus que se tornara quase mudo. Raríssimas vezes falava. Por outro lado, Rufino não tinha a graça nem a eloquência dos pregadores. No entanto, Francisco determinada vez mandou-o a Assis pregar ao povo, augurando que Deus lhe inspirasse, ao que frei Rufino respondeu:

– Amado paizinho, peço-te que me perdoes, mas não me mandes lá, porque, como sabes, não tenho a graça de pregar e sou um simples e idiota.

Francisco retrucou:

– Por não teres obedecido, pronta e humildemente, ordeno-te pela santa obediência que desnudo como nasceste, somente de bragas,[261] vás a Assis. Lá deves entrar numa igreja e assim, quase desnudo, prega ao povo!

À ordem de Francisco, o irmão Rufino se despiu e foi quase nu a Assis e entrou numa igreja; depois do acatamento no altar, ascendeu ao púlpito e começou a pregar. Entretanto, os meninos e os homens começaram a rir desenfreadamente, enquanto as mulheres se escondiam apavoradas. Os homens disseram sarcasticamente:

– Ora, aí está um dos frades mendicantes, fazem tanta penitência que se tornam completamente malucos.

Entrementes, Francisco, repensando na completa obediência de frei Rufino, que era um dos melhores gentis-homens de Assis, e na dura resolução que lhe impusera, começou a repreender a si mesmo, dizendo: "De onde te vem tanta presunção, filho de Pedro Bernardone, vil homenzinho, para ordenares a frei Rufino, que é um dos melhores gentis-homens de Assis, que fosse quase desnudo pregar ao povo, como um louco qualquer? Por Deus, que hás de experimentar em ti mesmo o que ordenaste ao outro."

Imediatamente, num arroubo espiritual, Francisco de igual modo despiu-se e foi a Assis levando consigo frei Leão para carregar-lhe o hábito e o de frei Rufino. Vendo-o da mesma forma, os assisenses escarneceram e deram muitas risadas, reputando que Francisco e frei Rufino tivessem endoidecido pelo excesso de penitências.

Francisco entrou na igreja onde frei Rufino pregava, ainda a tempo de ouvir-lhe as palavras:

---

[260] *Os fioretti de são Francisco*. Cap. 30.
[261] Roupa de baixo.

226 | HELAINE COUTINHO SABBADINI

– Ó caríssimos, fugi do mundo, deixai o pecado, restituí o bem alheio, se quiserdes evitar o remorso abrasador, obedecei aos mandamentos de Deus, amando a Deus e ao próximo, se quiserdes ser bem-aventurados. Restringi-vos dos apelos do mundo, se quiserdes possuir o reino do céu.

Inesperadamente o irmão Francisco subiu também ao púlpito e começou a pregar tão maravilhosamente sobre o desprezo aos bens do mundo, sobre a grandeza de afeiçoar-se à santa pobreza voluntariamente, sobre o anseio de possuir os bens verdadeiros do espírito e sobre a nudez da alma, despindo-se do opróbrio e das paixões, por amor a Jesus Cristo, que fora despido pela incúria humana e desnudo havia se entregado na cruz, em prol dos bens imperecíveis de Deus. Todos os que ouviam a prédica, homens e mulheres em grande multidão, começaram a chorar copiosamente, com incrível devoção e compunção de coração; não somente ali, mas por toda Assis houve naquele dia tanto choro pela lembrança da imolação de Cristo, como nunca houvera igual.

Naquele momento foi esparzido grande consolação sobre o povo pela atitude dos irmãos. Francisco pessoalmente vestiu a frei Rufino, e depois a si; e assim vestidos voltaram à capela da Porciúncula, louvando e glorificando a Deus que lhes havia dado o privilégio de vencerem a si mesmos pelo desprezo próprio. Como bons pastores, exemplificaram às ovelhinhas de Cristo com as próprias atitudes, demonstrando o quanto o mundo deve ser desprezado em seus apaixonados convites.

Naquele dia cresceu tanto a devoção do povo de Assis para com o irmão Francisco e frei Rufino, que bendito se considerava aquele que lhes conseguia tocar na orla do hábito.

6 – Segredos das Consciências[262]

Jesus Cristo pronunciou no Seu Evangelho: "Eu conheço as minhas ovelhas e elas me conhecem...",[263] deste modo, o venturoso paizinho Francisco, como bom pegureiro, conhecia por seu superior dom espiritual os méritos e as virtudes de seus companheiros, bem como os seus defeitos, razão pela qual ele sabia fornecer o justo re-

---

[262] *Os fioretti de são Francisco.* Cap. 31.
[263] João 10,14.

médio. Ensinando lições de humildade aos soberbos e exaltando espiritualmente os humildes, mostrando que a vida em Cristo sempre afronta os vícios e louva as virtudes. Tais ensinamentos começaram quando os frades se vincularam à fraternidade primitiva.

Uma vez estava irmão Francisco reunido com os frades a lhes falar do Evangelho. Frei Rufino não estava entre eles, pois estava na floresta em contemplação. De repente, saiu do bosque e passou diante deles. Francisco, vendo-o, voltou-se para os companheiros e lhes perguntou:

– Dizei-me quem acreditais ser a mais pura alma agora na face da terra?

Os frades, respondendo-lhe, acreditaram que fosse o próprio Francisco, mas ele os contradisse:

– Caríssimos irmãos, eu próprio sou o homem mais indigno e mais vil que Deus tem neste mundo; mas vedes frei Rufino, que saiu agora da floresta? Deus me revelou que ele é uma das três mais santas almas que existem neste mundo; e firmemente vos digo que não duvidarei de chamar-lhe em vida santo Rufino, porque sua alma está admitida em graça no reino celeste.

Tais palavras, contudo, Francisco jamais as disse em presença de frei Rufino. Igualmente, conhecia os defeitos de seus frades; via-os claramente em frei Elias e, muitas vezes, pela soberba o repreendia. Em frei João da Capela, via as fraquezas e obsessões decorrentes das indisciplinas. Nos muitos frades, Francisco vislumbrava pelos dons da grande mediunidade os defeitos, ainda que ocultos; e as virtudes ainda que imperceptíveis aos olhos humanos. Grandes os dons de Francisco!

7 – A Virtude da Humildade[264]

Os primeiros companheiros de Francisco de Assis, por sua amorosa direção, empenhavam-se com todo zelo em ser pobres das coisas terrenas e ricos das virtudes da alma; sabiam que através desses árduos esforços chegariam às verdadeiras riquezas espirituais e eternas. Aconteceu que um dia estando todos juntos a falar de Deus, um deles ofereceu este exemplo:

– Havia um homem que era grande amigo de Deus e tinha enorme graça na vida pelos seus dons espirituais e caritativos, além disto, excessiva quão profunda humildade, tanto que se reputava grandíssimo

---

[264] *Os fioretti de são Francisco.* Cap. 32.

pecador. A humildade o santificava e fazia-o continuamente crescer em virtudes, jamais o deixando cair em iniquidades.

Ouvindo isso, frei Masseo quedou-se tão maravilhado dos dons da humildade e, reconhecendo que ela era um tesouro da vida eterna, começou a ficar muito inflamado de amor e desejo pela virtude da humildade. Com grande fervor, levantou a face para o Alto e fez voto firmíssimo de não mais se alegrar neste mundo, enquanto não sentisse a virtude perfeitamente incorporada à sua alma. Desde então estava quase continuadamente encerrado na cela, macerando-se com jejuns, vigílias e ardorosas orações diante do Criador para impetrar dele esta virtude, sem a qual se reputava indigno.

Frei Masseo embrenhou-se por muito tempo afervorado a esta aspiração e sobreveio um dia, quando, entrando na floresta, derramava lágrimas, suspirava e rogava, pedindo a Deus com fervorosas súplicas a preciosa virtude, num completo sepultamento de qualquer laivo de presunção.

Como Deus ouve as orações dos humildes e contritos, estando assim frei Masseo, veio uma voz do espaço, que o chamou duas vezes:

– Frei Masseo, frei Masseo, ouve frei Masseo!

E ele, conhecendo em espírito que aquela era a voz de Cristo, respondeu:

– Senhor meu, Senhor meu!

E o Cristo disse a ele:

– O que pretendes oferecer para granjear a virtude que pedes?

Respondeu prontamente frei Masseo:

– Senhor, quero dar os olhos do meu rosto.

Assim o Cristo a ele respondeu:

– Mas eu quero que tenhas a graça da humildade e também os teus olhos!

Dito isto, a voz desapareceu e frei Masseo ficou tão cheio da desejada virtude da humildade e do lume de Deus que daí em diante estava sempre em júbilo; frequentes vezes, quando orava, soltava um murmúrio de júbilo como um som abafado, à semelhança do arrulhar de uma pomba: "hu, hu, hu"; e, com semblante alegre e coração jucundo, ficava assim em contemplação, com isto tendo-se tornado humilíssimo, considerando-se o menor de todos os homens do mundo.

Perguntado por frei Tiago de Fallerone por que, em seu júbilo, não mudava o canto, qual o arrulhar de uma pomba, respondeu com grande alegria:

– Quando em uma tão pequenina coisa se encontra tão grande bem não é preciso trocá-la por outra!

8 – A Visita de Luís IX de França[265]

Eram muitas as nobres pessoas que buscavam conhecer a ordem e nela ingressarem, pois o notório procedimento de humildade e pobreza dos frades menores corria distante. O rei Luís IX de França foi um desses destacados vultos que, em peregrinação, já havia visitado diversos mosteiros pelo mundo. Certa vez ouviu falar de uma grande alma franciscana, cheia de virtudes espirituais: frei Egídio.

Recordamos que o frei ao entrar para fraternidade era um jovem camponês muito humilde oriundo de Assis, e que sempre foi muito amado por Francisco. Foi um de seus primeiros companheiros e na idade madura expressava enorme carisma, sabedoria e espiritualidade. Por estas razões, o rei da França deliberou conhecê-lo pessoalmente, empreendendo viagem.

Desse modo, o nobre foi a Perúgia, onde soube que frei Egídio dirigia um mosteiro, lá chegando como um pobre peregrino. Desconhecido na região, bateu às postas do mosteiro com alguns companheiros e, com grande obstinação, conseguiu ser atendido por frei Egídio.

A princípio o porteiro – sem conhecer a eminência que chegara como um pobrezinho – apenas revelou a frei Egídio que à porta estava mais um peregrino que o procurava. No entanto, frei Egídio, alma que vencera as décadas em rigorosas disciplinas do espírito, por isso mesmo sensível às intervenções do Alto, obteve a revelação de que o próprio rei de França estava à porta do mosteiro. Com grande júbilo e fervor saiu de sua cela e foi atender ao viajante.

Ó quão admiráveis são os segredos de Deus que unem as almas irmanadas pelos mesmos santificados ideais! Sem quaisquer perguntas, os lábios se cerraram e com extraordinário afeto abraçaram-se com tanta familiaridade como se fossem ligados por amizade eterna, como autênticos irmãos.

---

[265] *Os fioretti de são Francisco*. Cap. 34.

230 | Helaine Coutinho Sabbadini

Sem trocarem uma palavra, apenas permaneciam abraçados entre lágrimas e profundo silêncio, irmanados pelo amor em Cristo. Assim permaneceram por grande tempo, de mãos unidas e chorando, ainda sem conversar, pois as palavras eram dispensáveis! O rei, assim como chegou, partiu, sem dizer uma palavra, retornando à sua peregrinação, e frei Egídio retornando à sua cela.

Depois que o rei partiu, um frade intrigado procurou investigar quem era aquele pobre que tinha abraçado frei Egídio por tanto tempo e com tanta devoção; um companheiro respondeu que era o rei Luís IX, de França, que havia empreendido grande peregrinação somente para ver o frei.

Quando os frades souberam de quem se tratava, atônitos e com pesar, numa oportunidade inquiriram ao humilde frei:

– Ó frei Egídio, por que foste tão reservado que, a um tão grande rei, o qual veio de França para ver-te e para ouvir alguma boa palavra, não disseste nada?

Num sorriso manso e imperturbável, respondeu frei Egídio:

– Caríssimos irmãos, não vos maravilheis por isto, porque nem ele a mim, nem eu a ele podia dirigir palavra alguma, pois logo que nos abraçamos a luz da divina sabedoria manifestou a mim o coração dele e a ele o meu! Assim, por operação divina, olhamos os respectivos corações, e o que eu queria dizer-lhe e ele a mim muito melhor o fizemos e mais nos conhecemos do que se tivéssemos falado com a boca. Maiores consolações tivemos do que se tivéssemos falado com palavras o que sentíamos nas almas! A língua e a palavra não conseguem exprimir claramente os mistérios secretos de Deus; ter-nos-ia sido, antes, um desconsolado do que um consolado. E, portanto, tende como certo que de mim se partiu o rei admiravelmente confortado.

Ficou patenteada a grande vinculação espiritual existente entre as duas almas, tão diferentemente posicionados aos olhos do mundo, e tão extraordinariamente identificados nos horizontes espirituais.

9 – A Visão de João Evangelista[266]

No tempo em que moravam juntos na custódia de Ancona, no convento de Forano, os freis Conrado e Pedro eram duas luzentes estrelas

---

[266] *Os fioretti de são Francisco.* Cap. 44.

na província da Marca. Entre eles havia tanto amor e tanta caridade que parecia terem ambos o mesmo coração e uma mesma alma. Os frades se comprometeram por um pacto: que, qualquer consolação que a misericórdia de Deus lhes desse, deviam revelar um ao outro por caridade.

Firmado entre ambos este pacto, sucedeu que um dia, estando frei Pedro em oração e pensando devotamente no Calvário do Cristo, na Sua Soberana Mãe, em João Evangelista, diletíssimo apóstolo de Jesus, e em Francisco, via-os num arrebatamento espiritual como se estivessem ao pé da cruz, também crucificados com Jesus através de uma tremenda dor moral.

Frei Pedro teve o sagrado desejo de saber qual dos três tinha sofrido dor maior com a crucificação de Jesus; se a mãe, que o tinha gerado, se o discípulo que muito o amava, ou se o próprio Paizinho Francisco, que com Ele crucificou-se em vida.

Permanecendo nesse sagrado pensamento, subitamente ingressou num transporte espiritual e apareceu-lhe Maria, a piedosa Mãe do Crucificado, com João Evangelista e Francisco, vestidos todos de nobilíssimas roupagens e cheios de glória bem-aventurada; mas Francisco parecia vestido de vestes mais belas do que as de João, o Discípulo Amado de Jesus. Frei Pedro, todo espantado com a visão, percebeu que João veio em seu conforto dizendo:

– Não temas, caríssimo irmão, pois vimos consolar-te e esclarecer a tua dúvida. Saibas, pois, que a mãe de Cristo e eu, sobre todas as criaturas, sofremos com a crucificação de Jesus Cristo; mas, depois de nós, Francisco teve dor maior do que qualquer outro; e por isso tu o vês com tanta glória.

E frei Pedro perguntou-lhe:

– Nobilíssimo apóstolo de Cristo Jesus, por que a veste de Francisco parece bem mais bela do que a tua?

Num sorriso bondoso, João respondeu;

– A razão é esta: porque, quando ele estava no mundo, trouxe consigo vestes muito mais miseráveis das que enverguei quando aí estive!

Ditas estas palavras, João deu a frei Pedro uma veste luminosa, dizendo:

– Toma, esta veste trouxe-a para te dar.

João aproximou-se mais a fim de vesti-lo com o traje diáfano, quando frei Pedro, estupefato, caiu no chão e começou a gritar:

232 | Helaine Coutinho Sabbadini

– Frei Conrado, frei Conrado caríssimo irmão, socorre-me depressa! Vem ver coisas maravilhosas!

Com estas palavras aquela visão desapareceu.

Não possuímos qualquer dúvida de que a aparição de Francisco, que nada disse, com vestes demasiadamente resplandecentes, aos olhos de frei Pedro, mais que as de João Evangelista, era uma ideoplastia, pois o espírito que animou Francisco-corpo era aquele que a frei Pedro apresentou-se como João, o Discípulo Amado de Jesus. Por essa razão mostrou tanta familiaridade com frei Pedro, oferecendo-lhe uma veste luminosa.

Outros Franciscanos

Frei Francesco di Paola

Muitos foram os que seguiram a ideologia franciscana, através dos séculos. Alguns se tornaram muito conhecidos por suas grandes virtudes espirituais, como Antônio de Pádua, Isabel de Hungria, Luis IX de França, também se destacando frei Tommaso di Celano, Dante Alighieri, Tomas More, o beato Pio IX, os papas Leão XIII, Pio X e João XXIII, Robert Grosseteste, Roger Bacon, Francesco Maria Grimaldi, Guilherme de Ockham, dentre muitos.

Nada obstante, solicitamos vênia para destacar o inolvidável frade franciscano Francesco di Paola[267] ou Francisco de Paula, nascido em 20 de março do ano 1416, na cidade de Paola, Cosenza, Itália, tendo desencarnado em 2 de abril de 1507, na cidade de Tours, França.

Os pais, Giacomo d'Alessio e Viena de Fuscaldo, eram camponeses simples e almejavam desde há muito a bênção de receber um filho, embora já em idades avançadas perseveravam em rogativas ao santo de sua mais árdua devoção: Francisco de Assis. Desse modo, nasceu Francesco num lar de fortes convicções católicas e completamente devotado ao Pobrezinho de Assis, por isso mesmo recebendo do *Poverello di Dio* o mesmo nome.

O pequeno Francesco, cuja doçura e bondade contagiavam a todos, quando criança adquiriu grave enfermidade em uma das vistas e a família voltou-se novamente em fervorosas orações ao Poverello de Assis, rogando auxílio para a cura da enfermidade do

---

[267] Addante, Pietro. *San Francesco di Paola*. San Paolo Edizioni, Italia, 1996.

FRANCISCO DE ASSIS, O ALTER CHRISTUS | 233

filhinho prometendo encaminhá-lo à vida religiosa como Frade Menor.

Francesco ou Francisco, como já mencionado, foi uma criança notadamente meiga, humilde e submissa. Desse modo, para além da promessa dos pais em ingressar-lhe na vida religiosa, caso recebessem a graça da cura do olho doente, ele próprio possuía grande inclinação para uma existência completamente votada aos valores do espírito. Destarte, aos treze anos entrou para a ordem franciscana, sendo aceito no mosteiro San Marco Argentano, em Cosenza.

No mosteiro, permaneceu por um ano, humildemente, inclinado somente às tarefas mais singelas de limpeza geral, cozinha, aos jejuns e grandes abstinências, mas os extraordinários fenômenos mediúnicos e espirituais que o acompanhariam por toda vida, até depois dela, fizeram-no buscar outros caminhos. Sob a tristeza e a insistência dos superiores, que muito desejavam mantê-lo no mosteiro, Francisco partiu desejando peregrinar até Assis, o que fez em companhia dos pais no ano de 1430, com apenas quinze anos incompletos.

Visitaram todos os lugares consagrados pela presença e esforços do Pobrezinho de Assis, entretanto tais locais não eram mais os mesmos: a pompa instaurada pela igreja e a extrema veneração das massas assustaram o jovem Francisco de Paula, impulsionando-o mais e mais para a vida eremítica, simples, pobre e desapegada.

É interessante ressaltar que os biógrafos mais respeitáveis de Francisco de Paula afirmam que, no período em que ele realmente adota a vida eremítica, suas qualidades mediúnicas, principalmente de cura, eclodem magnificamente e os fenômenos espirituais tornam-se constantes. A extrema bondade e simplicidade de seu coração, num abandono completo de tudo que se referisse aos apegos da vida material, fê-lo admirado por multidões como um grande benfeitor espiritual, ao qual passaram a amar devotadamente através dos tempos.

No dia 31 de agosto de 1452, o novo arcebispo de Cosenza, monsenhor Pirro Caracciolo, atende à rogativa de Francisco de Paula e autoriza uma nova ordem, pois a fama dos valores e elevação espiritual de Francisco de Paula começou a se espalhar rapidamente. No ano de 1470, dá-se início a um processo, junto à Cúria de Roma, com o fito da aprovação final da nova Ordem dos Eremitas, também conhecida como Ordem Paolana. Por fim, sob o patrocínio do monsignor Baldassarre de Spigno, aos 17 dias do mês de maio do ano 1474, Sisto IV reconhece formalmente a nova ordem sob o nome: Congregação Eremita Paolana de São Francisco de Assis, espelhada no mais fiel exemplo e ideais do Pobrezinho.

Nada obstante, como era do desejo de Francisco de Paula, outro nome foi proposto para a ordem e o papa Alexandre VI abonou a mudança para Ordem dos Mínimos, permanecendo até os dias atuais. Francisco de Paula, por se sentir-se muito menor do que Francisco de Assis, assim o desejou.

As ações fraternas, a extrema bondade e humildade de Francisco de Paula, as inúmeras curas, fruto de uma exímia mediunidade, fizeram florescer adeptos e admiradores por toda Calábria e Sicília, e as congregações da Ordem dos Mínimos brotaram como flores espirituais – haja vista preceituarem a vida humilde e pobre, com base no amor e na fraternidade –, conforme os ideais de Francisco de Assis. Foram fundadas em várias partes da Itália e fora dela. As de Paterno Calabro (1472), Spezzano della Sila (1474), Corigliano Calabro (1476) e Milazzo (1480) foram as pioneiras.

Francisco de Paula tornou-se um fulgurante ponto de referência espiritual, de benevolência e humildade, um seguro porto de fraternidade e amor cristão para todos os necessitados, principalmente para os pobres de sua região pátria.

Como um dos mais ilustres franciscanos que a história religiosa tem notícias, Francisco de Paula, foi também conhecido como o Eremita da Caridade, destacando a sua primazia pelo desprezo incondicional pelos valores transitórios da matéria e dedicação integral no socorro e auxílio aos semelhantes e necessitados. Relatam os seus biógrafos que, num único dia, Francisco de Paula atendeu em seu mosteiro mais de trezentas pessoas necessitadas, espiritualmente e materialmente, realizando curas prodigiosas.

Francisco de Paula primou por uma fraternidade que exigia daquele que nela desejasse ingressar uma única condição: que considerasse o 'mínimo' para viver e servir a Jesus Cristo, pois o próprio Cristo dissera que, se alguém quer ser o primeiro, que seja o último e o servo de todos.

Reverenciado e amado pelos desprovidos da sorte, pelos pobrezinhos, pelos príncipes e pontificais, pelos nobres e pela gente do povo de seu tempo, Francisco de Paula, o mais fidedigno exemplo dos ideais de Francisco de Assis, vivenciou o puro amor e a sublime abnegação, o completo desapego material e a genuína humildade, num período em que medravam os inomináveis abusos eclesiásticos, as sociedades cultivavam abertamente os prazeres efêmeros da vida e o gáudio pelo poder pessoal, social e religioso.

Não poderíamos nos encaminhar para o enfeixamento destas linhas despretensiosas sem exaltar que dona Maria João de Deus[268] – genitora de nosso amado Francisco Cândido Xavier – ofereceu-lhe, ao nascer, o nome de Francisco de Paula em honra e devoção a são Francisco de Paula, cujo dia do desencarne se deu no mesmo dia do nascimento de Francisco Cândido Xavier: dia 2 de abril. Posteriormente, aos dezessete anos, quando surgem os primeiros trabalhos mediúnicos do grande médium mineiro, é que seu nome, Francisco de Paula Cândido Xavier, muda ou se resume para Francisco Cândido Xavier.

Indispensável ressaltar o *modus vivendi*, notadamente franciscano, do grande espírito que conhecemos como Francisco Cândido Xavier, bem como em Francisco de Paula.

Seguem os nomes de alguns frades da primeira hora, quando Francisco ainda estava entre eles: frei Leonardo, frei Riccieri ou Rizzério, frei Junípero, que cumpria ao pé da letra todas as ordens de Francisco, frei Iluminado, grande e conhecido poeta, frei João, o camponês, homem muito pobre que imitava Francisco de Assis, nos mais singelos gestos – um dia, vendo Francisco a varrer a igreja, entrou e começou a varrê-la junto com ele. Morreu jovem, mas Francisco sempre

---

[268] Em recente visita à cidade de Santa Luzia, na região da grande Belo Horizonte, obtivemos através de confrades espíritas a informação de que a avó do inesquecível médium Francisco Cândido Xavier deu o nome à filhinha em homenagem a Maria e às freiras do hospital São João de Deus, onde deu a luz e onde foi tão amorosamente acolhida. O nome, cuja grafia consta no batistério, foi: Maria de São João de Deus.

o recordava com carinho e, quando o fazia, chamava-o de 'são João' –, frei Benedito Sinigardi e frei Ângelo Tarlati, filhos da mais distinta família de Arezzo, juntando-se à ordem em 1217, quando Francisco lá esteve. Frei Tiago de Massa, frei João de Fermo ou do Alverne, frei Pacífico, frei Tiago de Fallerone, frei João de Parma, frei Lúcido, frei Humilde, frei Mateus de Monte Rubiano, frei Estevão, frei João da Pena, frei Conrado de Offida, frei Pedro de Monticello, frei Marcos de Montino, frei Servodeo de Urbino, frei Bentivoglio de São Severino, frei Bentivoglio, frei Simão, frei Peregrino, frei Gregório de Nápoles, frei Graciano, frei Mateus de Narni, frei Bonizzo ou Benício.

Referências

A Legenda dos Três Companheiros. (livro eletrônico)

Anônimo Perusino. (opúsculo eletrônico)

Araújo, Humberto L. *De Francisco de Assis para você, paz e fraternidade*. Palestra, Rio de Janeiro, 1975.

Bastos, Guimarães Lima Alencar. *São Francisco*. Editotra Três, 1973, Rio de Janeiro.

Boaventura. *Legenda menor, vida de são Francisco*. (livro eletrônico)

Boff, Leonardo. *A oração de são Francisco*. Sextante, Rio de Janeiro, 1999.

Celano, Tommaso di. *S. Francisci Assisiensis, vita et miracula*. Eduardo de Alençon, 1906.

Celano, Tommaso di. *As vidas de são Francisco, primeira vida*. (livro eletrônico)

Celano, Tommaso di. *As vidas de são Francisco, segunda vida*. (livro eletrônico)

Celano, Tommaso di. *As vidas de são Francisco, milagres*. (livro eletrônico)

Donald Walsch, Neale. *Reflexões de conversando com Deus*. Ediouro, Rio de Janeiro, 2006.

Felder, Hilarino. *Os ideais de são Francisco de Assis*. Tradução de Soares d'Azevedo, Vozes, Petrópolis, 1953.

Fülöp-Miller, René. *Os santos que abalaram o mundo. São Francisco, o santo do amor*. Tradução Oscar Mendes, José Olympio, Rio de Janeiro, 1948.

Fumet, Stanislas, in: Hauser, Walter. *Francisco de Assis, nos passos do Poverello*. "Prefácio Místico", Desclée de Brouwer, Brugis, 1953.

Hauser, Walter. *Francisco de Assis, nos passos do Poverello*. Desclée de Brouwer, Bruges, 1953.

I Fioretti de São Francisco. Tradução de Capistrano de Abreu, Atena, São Paulo, 1958.

KARDEC, ALLAN. *O livro dos espíritos*. FEB, Rio de Janeiro.

KARDEC, ALLAN. *O evangelho segundo o espiritismo*. FEB, Rio de Janeiro.

KAZANTZAKIS, NÍKOS, *São Francisco de Assis*. Arcádia, Minho, 1963.

KAZANTZAKIS, NIKOS. *God's Pauper saint Francis of Assisi*. Tradução do grego para o inglês P. A. Bien, Faber & Faber, Londres, 1975.

LARRAÑAGA, IGNÁCIO. *El Hermano de Assis*. 5ª Edição, Cefepal, Chile, 1989.

MAIA, JOÃO NUNES (MIRAMEZ). *Francisco de Assis*. Fonte Viva, 2002.

MEIRELES, CECÍLIA. *O pequeno oratório de santa Clara*. Rio de Janeiro, Philobiblion, 1955.

MEREJKOVSKY, DIMITRY SERGEYEVICH. *Jesus Desconhecido*. Tradução de Agrippino Grieco, Companhia Editora Nacional, São Paulo, 1935.

ROHDEN, HUBERTO. *De alma para alma*. Martin Claret, 2004, São Paulo.

ROHDEN, HUBERTO. *O sermão da montanha*. Martin Claret, 2004, São Paulo.

ROHDEN, HUBERTO. *A mensagem viva do Cristo*. Martin Claret, 2004, São Paulo.

STICCO, MARIA. *São Francisco de Assis*. Tradução Armando Mas Leite, Vozes, Petrópolis, 1955.

VIEIRA, ANTÔNIO. *O sermão das chagas de são Francisco. Sermões*. Vol. III, Tomos VII, VIII, IX. Lello, Porto, 1959.

VIEIRA, ANTÔNIO. *Sermões das chagas de são Francisco*. Textos Literários em Meio Eletrônico, Referência. *Sermões*. Vol. XI, Erechim, Edelbra, 1998.

XAVIER, FRANCISCO CÂNDIDO (ANDRÉ LUIZ). *Missionários da luz*. FEB, Rio de Janeiro.

XAVIER, FRANCISCO CÂNDIDO (HUMBERTO DE CAMPOS). *Brasil, coração do mundo, pátria do evangelho*. FEB, Rio de Janeiro.

Se você gostou desta obra,
certamente gostará de:

A Alma dos Animais

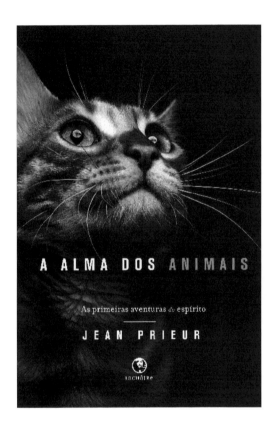

    Jean Prieur, um dos mais importantes autores espíritas da atualidade, na França, se debruçou para pesquisar a questão da existência da alma nos animais e sua sobrevivência à morte física e escreveu esta obra antológica. A partir da análise de uma infinidade de fatos, sua conclusão é definitiva e não permite dúvidas: – Sim, os animais têm alma.

Esta edição foi impressa, em setembro de 2014, pela Assahi Gráfica e Editora Ltda., de São Bernardo do Campo, SP, sendo tiradas quatro mil cópias em formato fechado 15,5 x 22,5cm, em papel Pólen Soft 70g/m^2 para o miolo e Cartão Supremo 350g/m^2 para a capa. O texto principal foi composto em Berkeley LT 12/13,8. As ilustrações do miolo são de Takis Alexiou. A capa foi elaborada por César França de Oliveira a partir da obra "Pregação de são Francisco aos pássaros", de Giotto de Bondone (1266-1337).